Ratgeber für ein glückliches Beagleleben

# Ratgeber für ein glückliches Beagleleben

Verstehen – Erziehen – mit ihnen leben

von Bärbel Kronz

CADMOS

Gestaltung und Satz: Ravenstein + Partner, Verden
Titelfoto: Bärbel Kronz
Druck: Westermann Druck, Zwickau



Printed in Germany

ISBN 978-3-86127-777-4

# Inhalt

# Vorwort

Dieser kleine Ratgeber zum Jagd- und Meutehund Beagle soll Ihnen helfen, vor allem die ersten Wochen und Monate mit Ihrem neuen Familienmitglied freudig zu meistern. Der Beagle ist ein etwas anderer Hund. Mein Mann sagt immer: „Viele Menschen haben Hunde, wir haben Beagles." Und damit hat er Recht. Viele meiner Welpenkäufer, die früher schon mit anderen Rassen ihre Erfahrungen sammelten, stimmen dem uneingeschränkt zu.

Bei meinem ersten Beagle (1992) las ich etliche Erziehungsbücher, probierte dieses und jenes. Doch das meiste davon misslang mir gründlich. Ich merkte mit der Zeit, dass viele Bücher eher für führigere Rassen geschrieben wurden.

Durch Besuche verschiedener Hundeschulen, durch die Lektüre über Verhaltensforschung (Ethologie) und aus Gesprächen mit erfahrenen Kynologen habe ich viel gelernt und konnte so im Laufe der Zeit Fehler vermeiden. Meine Erfahrungen gab und gebe ich gerne an meine Welpenkäufer weiter. Die Resonanz ist durchweg positiv. Sie müssen nun nicht mehr die Fehler machen, aus denen ich bereits gelernt hatte. Die kleinen Beagles und ihre Besitzer profitieren davon.

In der Vergangenheit wurde ich wiederholt auf eine von mir zusammengestellte Informationsmappe über den Umgang mit dem Beagle angesprochen. Viele Menschen wandten sich an mich auf der Suche nach einem praktischen Ratgeber. Aus diesem Grund möchte ich meine Erfahrungen an all diejenigen weitergeben, die in Zukunft mit einem Beagle, dem für mich tollsten Hund auf dieser Welt, in freudiger Gemeinschaft zusammenleben möchten.

Kein Mensch ist vollkommen. Deshalb sind die folgenden Ausführungen zum Beagle meine Meinung und basieren auf meinen persönlichen Erfahrungen im Zusammenleben mit Beagles.

Bärbel Kronz

# Geleitwort

Und noch ein Hundebuch? Ja, und dieses ist wirklich wichtig. Gerade über den Beagle gibt es seit Jahren kein aktuelles Buch, das sich speziell an den Liebhaber dieser Rasse wendet. – Und beim Beagle ist es besonders wichtig, im Vorfeld zu wissen, welche Ansprüche diese sehr ursprüngliche Jagdhundrasse an seinen zukünftigen Halter hat.

Meist fällt die Wahl auf den Beagle, weil die Rasse eine handliche Größe hat, er einfach nett und hübsch anzusehen ist und weil die Rassebeschreibung von seinem Charakter nur Gutes zu berichten weiß. Wer wünscht sich denn nicht einen immer fröhlichen und robusten Hund, der Mensch und Hund gegenüber freundlich ist. Im Zeitalter unseliger und unsinniger Hundeverordnungen suchen zukünftige Halter ihren Wunschhund auch nach Verhaltenseigenschaften aus. Gerade deswegen ist es so wichtig, die jahrhundertealte Zuchtgeschichte des Beagles als Meutenjagdhund nicht zu vergessen und die Probleme aufzuzeigen, die sich bei der Haltung eines passionierten Jägers in unserer modernen Welt ergeben können. Hier stellt der Beagle eine ganze Reihe von Forderungen an seinen Menschen, wenn dieser ihm ein tiergerechtes Leben bieten will. In dieser Hinsicht schreibt die Autorin aus eigenen, mitunter leidvollen Erfahrungen.

Mit Witz, Charme und Klugheit erzieht der Beagle nicht selten seine Zweibeiner besser, als es ihnen umgekehrt je gelingt. Wer den bedingungslos auf Fingerschnippen gehorchenden Befehlsempfänger wünscht, ist hier verkehrt. Er muss immer mit dem liebenswerten Eigensinn und unbändigen Temperament dieses Naturburschen rechnen.

Diesem Buch ist eine weite Verbreitung bei allen Beagleinteressierten zu wünschen, bevor sie einen Hund dieser Rasse in ihren Hausstand aufnehmen. Denn nur bei allem Abwägen des Für und Wider wird dann die klare Entscheidung für den Beagle ungetrübte Freude an diesem anspruchsvollen Kameraden ein Hundeleben lang bringen.

Dr. Elisabeth Venzl

# Kleiner historischer Ausflug

Sprachforscher streiten sich bis heute über die Herkunft des Namens Beagle. Kommt er aus dem Altfranzösischen „béguele" (weit offene Kehle) oder „beigh" (klein)? Vielleicht liegt der Ursprung im altenglischen Wort „begle" oder im keltischen „beag" (beides: klein). Erstmals wird die Bezeichnung Beagle in dem Buch *The Squire of Low Degree* benutzt. Es erschien 1475. Aber der Weg bis dahin war weit.

Im sechsten Jahrhundert saßen die Kelten in Spanien, Oberitalien, Mitteldeutschland und Ungarn. Der größte Teil des Volkes ließ sich in Mittelfrankreich nieder (Gallier). Ein eigenes Land besaßen die Kelten nicht. Auf all ihren Kriegszügen und großen Jagden wurden sie von schweren Laufhunden (Mastiffarten) begleitet, die sie zum Teil mit Windhunden kreuzten,um sie leichter und schneller zu machen. Sie führten züchterischen Hundehandel zum Beispiel mit Phöniziern wie mit Belgiern. In einem Klos-ter in Belgien züchteten Mönche im 8./9. Jahrhundert aus keltischen Laufhunden den Chien de St. Hubert (St. Hubert Hound), den Ahnen des Bloodhound. Eine daraus entstandene Variante, der Talbot, kam ab 1066 nach England, als der Normanne Wilhelm der Eroberer dort landete. Um 1400 kamen, wieder nach einem Kriegszug, bunt gescheckte Spürhunde aus Südfrankreich nach England, die man mit dem Talbot kreuzte. Das Ergebnis war ein Hund, der eine vorzügliche Nase besaß, über einen unbeirrbaren Spurwillen (der Fährte bedingungslos folgen, auch unter problematischen Bedingungen) verfügte, einen sicheren Laut innehatte und vielfältige Haarfarben aufwies. Für die Hasenjagd zu Fuß war er wie geschaffen. Der Urahn des Beagles war geboren. In der Folgezeit selektierten die Züchter auf jagdliche Leistung und Wesen. Unbedingt notwendig waren gutes Meuteverhalten (Zusammenhalt), Freundlichkeit und Anpassungsfähigkeit. Bei der Leistung achtete man unter anderem besonders darauf, dass diese Hunde selbstständig arbeiteten. Dabei kam das Bloodhounderbe voll zum Tragen. Der Bloodhound wird auch heute noch beschrieben als selbstständig mit wenig Hang zum Gehorsam. Diese Eigenschaft kennen alle Beaglebesitzer zur Genüge, nehmen sie ihren Hunden aber aufgrund der Historie nicht übel.

Seit den Tudors hält das englische Königshaus Beaglemeuten. Dadurch wurde die Reinzucht über die Jahrhunderte dokumentiert. Mit der Zeit änderte sich die Zucht in Hinsicht auf das Erscheinungsbild. Weiter standen Leistung und Wesen im Vordergrund bei den Planungen der Verpaarungen, aber ein einheitlicheres Äußeres kam als Zuchtziel hinzu.

Für die Verbreitung des Beagles in Australien, Neuseeland, Kanada, den USA und Indien sorgten die englischen Eroberer und Siedler. Sie nahmen mit ihren Hunden ein Stück Zuhause mit. Mitte des 19. Jahrhunderts soll es in Mecklenburg und Vorpommern Beaglemeuten auf einigen Gütern gegeben haben. Als Haushund fasste der Beagle in Deutschland erst in den 70er-Jahren Fuß (laut Dissertation 1990, Dr. E. Venzl).

# Drum prüfe, wer sich bindet

Sie tragen sich mit dem Gedanken, einen Beagle zu kaufen? Damit stehen Sie vor einer Entscheidung, die für die nächsten (mit Glück 17!) Jahre Ihr Leben bereichern, aber auch verändern wird. Treffen Sie keine übereilte oder einsame Entscheidung. Überlegen Sie in Ruhe mit allen Familienmitgliedern, lange vor dem Welpenkauf.

Ein Hund sollte grundsätzlich nicht nur nach dem äußerlichen Typ ausgesucht werden. Oft höre ich: „Wir möchten gerne einen Beagle, weil er ein so süßes Gesicht und die richtige Größe für die Wohnung hat." Das stimmt schon, aber viel wichtiger ist es, sich über den Charakter des Wunschhundes klar zu werden: „Passt der Beagle wirklich zu mir, zu uns, in unsere Familie?"

Und passt ein Jagdhund in Ihr Leben? Denn das ist der Beagle. Für einen Jäger gehört er zum Clan der Bracken. Das sind Hunde, die vom äußeren Typ her ziemlich unterschiedlich sind. Es gibt große und kleine, graziöse und bullige. Aber eines haben sie alle gemeinsam: Sie jagen laut mit lockerem Spurlaut auf der Fährte (lautes, dauerhaftes Gebell), ohne Sichtkontakt. Damit zeigen sie dem Jäger an, wo sie sich selbst befinden und aus welcher Richtung sie das Wild auf ihn zutreiben. Brackieren bedeutet „wenden und zurückbringen", denn das Wild hört die Bracke ebenfalls, weiß, wo sie sich befindet, und nimmt in Ruhe seinen Weg vor ihr her.

Mit Hounds bezeichnet der Jäger Bracken, die in Meuten jagen. Dazu gehört der Beagle. Er ist also durch und durch ein Meutehund und braucht Gesellschaft, eben seine Meute. Er hungert deshalb förmlich nach menschlicher Gesellschaft, und das selbst dann, wenn er einen Rassekumpel im Haus hat. Meine Hündinnen leisten sich gegenseitig Gesellschaft, sie spielen miteinander, sie kuscheln eng zusammen; aber sie halten sich fast immer in meiner Nähe auf. Falls ich einmal über einen längeren Zeitraum etwas ohne Hunde vorhabe, zum Beispiel zu einer Hochzeitsfeier möchte, ist stets ein Dogsitter im Haus. Eine Person, der ich vertraue und die meine Beagles gut kennt.

*Täuschen Sie sich nicht: Dieser süße Welpe wird ein leidenschaftlicher Jäger. (Foto: B. Kronz)*

Lassen Sie einen Beagle in den ersten zwölf Monaten nie allein. Wer auch nur stundenweise arbeiten geht, der schaffe sich besser keinen Welpen an. Die Einsamkeit zerstört Vertrauen, verunsichert total. Eine innere Panik macht sich beim Welpen und Junghund unweigerlich breit. Die Reaktionen können unterschiedlich sein, da jeder Hund von seiner Persönlichkeit her anders ist. Der eine fügt sich und trauert still vor sich hin, was leider oft als „Ach, was ist er lieb" interpretiert wird. Der andere macht seiner Panik Luft, indem er die Möbel oder den Teppich anknabbert. Welpen und Junghunde sind dabei sehr kreativ. Einige Besitzer werden aber leider auch dann noch nicht wach. Sie ignorieren das Problem des Hundes und sperren ihn einfach in einen Raum, in dem er nichts anstellen kann. Damit ist zwar der Wohnungseinrichtung geholfen, der Hund aber geht innerlich zugrunde. Deshalb nehmen Sie nur einen Welpen ins Haus, wenn Sie Zeit und Geduld haben. Er hat es so verdient und zahlt es Ihnen über Jahre mit viel Liebe zurück.

Natürlich muss man seinen Hund später auch einmal allein lassen können (für maximal drei Stunden). Das muss aber warten, bis er die biologische Reife dafür besitzt und sich ein festes Vertrauensverhältnis zwischen Familie und Hund eingestellt hat. Bis zum neunten Monat geben Sie Ihren Welpen oder Junghund besser in die Obhut eines Dogsitters. Sie werden doch ein kleines Kind auch nicht sich selbst überlassen! Ab dem 7./8. Monat beginnen Sie mit kleinen Zeitintervallen die Übung „Alleinbleiben" (siehe im Kapitel „Erziehung – so wie sie der Beagle braucht"). Fahren Sie zum Einkaufen, dann ist der Hund im Autokäfig gut aufgehoben. Aber bitte nicht in der Sonne parken, und vergessen Sie nie, für frische Luft ins Autoinnere zu sorgen. Denken Sie an den

*Ein Beagle ist kein Hund, den man problemlos stundenlang alleine lassen kann. (Foto: Chr. Steimer)*

Wechsel des Sonnenstandes, falls Sie etwas länger mit dem Einkaufen beschäftigt sind. In der Sonne kann sich selbst bei kühlen Außentemperaturen ein Wageninneres innerhalb von Minuten auf 50 Grad Celsius und mehr aufheizen! Auch die Mitnahme von etwas frischem Wasser ist angebracht. Binden Sie Ihren Beagle nie vor einem Geschäft an! Beagles besitzen ein ausgesprochen freundliches Wesen und gehen problemlos mit jeder Person mit.

Sie sollten einen eingezäunten Garten besitzen, in dem sich Ihr Beagle frei bewegen kann. Das halte ich für unentbehrlich, weil (leider) viele Beagles nach der Pubertät mit etwa acht, neun Monaten wegen des starken Jagdtriebes an der Leine geführt werden müssen. Beagles besitzen eine sehr feine Nase, die sie ständig einsetzen und damit schnell Witterung aufnehmen. Beaglebesitzern bleibt oft nicht einmal eine Schrecksekunde, bis ihr Hund durchstartet und der aufge-

*Wenn etwas im Boden interessant riecht, wird ein Beagle zum Bagger.*

nommenen Fährte folgt. Über 500 Jahre ist der Beagle vor allem auf diese Leistung hin gezüchtet worden und es steckt einfach in ihm drin. Bei dem einen mehr, bei dem anderen weniger. Legen Sie es der Rasse nicht als Sturheit oder Dickköpfigkeit aus, denn es ist ein Zuchtergebnis, mit natürlich individuell verschiedener Ausprägung. Von meinen vier Damen besitzen zwei einen ausgeprägten Jagdtrieb und zwei nur einen schwachen. Meiner Becky ist es einfach vom Charakter her wichtiger, in meiner Nähe zu sein. Wenn sie wirklich einmal eine Fährte verfolgt, kommt sie spätestens nach 15 Minuten wieder zu mir zurück. Auf Tracy habe ich schon zwei Tage voller Angst gewartet. Sie läuft heute außerhalb des Grundstücks nur noch an einer 8-Meter-Rollleine. In meinem beaglesicher eingezäunten Garten empfängt sie Hundebesuch, ich spiele und trainiere dort mit ihr und sie hat wenigstens einen Bereich, in dem sie sich ohne Leine bewegen kann.

Allerdings ersetzt dieser Garten niemals die Spaziergänge. Der Beagle gehört zur Gruppe der Lauf- und Schweißhunde, die sich gerne und viel bewegen, um neue Gerüche aufzunehmen. Da der Beagle in unserer Gesellschaft seinem Jagdtrieb nicht oder nur eingeschränkt nachgehen kann, muss er viel laufen, bei jedem Wetter. Ihre nächste Überlegung vor dem Beaglekauf sollte daher sein, ob auch Sie und Ihre Familie gerne bei jedem Wetter spazieren gehen. Ein erwachsener Beagle, ab dem 18. Monat, braucht auf den Tag verteilt mindestens drei Stunden Auslauf. Sie können ihm das auch nicht durch einen noch so großen Garten ersetzen, denn dieses Terrain wird seiner Nase nach kurzer Zeit langweilig. Er findet dort keine neuen Gerüche mehr. Sind Sie wirklich bereit für lange Spaziergänge, auf immer wieder neuen, verschiedenen Wegen, auch einmal in Gummistiefeln und Regenjacke? Und sind Sie auch gesundheitlich fit dafür?

Können Sie mit einem Malheur leben? Was ist, wenn das gerade neu gekaufte Paar Schuhe dem Welpen zum Opfer fällt, er mit Matschpfoten direkt ins Wohnzimmer rennt und sich auf dem hellbeigen Teppichboden niederlässt? Ist Ihnen ein gepflegter Garten wichtig oder können Sie auch mit Buddellöchern leben? Dies sind nur wenige Beispiele für den Forschungs- und Erlebnisdrang eines Welpen. Würden Sie dann in Erwägung ziehen, ihn wieder dem Züchter zurückzugeben? Wenn ja, dann sollten Sie die Anschaffung eines Hundes von vornherein, in Ihrem eigenen Interesse und ganz besonders im Interesse des Welpen, lassen!

Wie steht es mit der eigenen Gesundheit und der der Familienangehörigen? Gab oder gibt es Allergien oder Symptome für allergische Reaktionen? Chronische Beschwerden der Atemwege oder Hautausschläge? Im Zweifelsfall sprechen Sie lange vor der Kaufentscheidung mit einem erfahrenen Allergologen und sagen ihm offen, dass Sie vorhaben, einen Hund anzuschaffen. Es gibt heute relativ sichere Methoden zur Bestimmung der Antikörper im Blut.

Was machen Sie im Urlaub? Wenn ein Welpe bei Ihnen einzieht, dann planen Sie im ersten Jahr keinen Urlaub, der mit einer Trennung verbunden ist. Der Hund braucht Sie in dieser Zeit ganz besonders. Mit ihm zusammen können Sie ab etwa der 20. Lebenswoche Ferien planen, nachdem er sauber ist und sich bei Ihnen gut eingewöhnt hat. Falls Sie gerne in die Sonne fliegen, dann sollten Sie für Ihren erwachsenen Liebling einen guten Urlaubsplatz bei Eltern, Freunden oder Bekannten sichern. Ein Hund gehört auf keinen Fall für viele Stunden in den Gepäckraum eines Flugzeugs, eingesperrt in eine Box, getrennt von seinen Menschen, wo er allein mit all den beängstigenden fremden Gerüchen und extrem lauten Geräuschen überflutet wird. Das Gehör des Hundes übertrifft das des Menschen um ein Vielfaches und nimmt den Lärm im Gepäckraum in höchstem Maße wahr. Möglicherweise befindet er sich auch in Gesellschaft anderer ängstlicher Tiere, was ihn noch furchtsamer reagieren lässt.

Am schönsten ist der gemeinsame Urlaub. Mein Mann und ich fahren mit unseren vier Schlappohren bevorzugt in ein Ferienhaus nach Dänemark. Dort können die Hunde am Strand und in der Heide laufen und die neuen interessanten Gerüche aufnehmen. Informieren Sie sich, denn es gibt spezielle Angebote für Ferienreisen mit dem Hund in ganz Europa. Bevor wir Hundebesitzer wurden, flogen wir stets in den

*Gemeinsam in gemäßigtem Klima unterwegs, das ist für einen Beagle das Höchste. (Foto: Chr. Steimer)*

Süden. Doch das Leben ändert sich durch einen Hundekauf beträchtlich. Wir möchten es heute nicht mehr anders erleben.

Der Beagle ist ein temperamentvoller, lernbegieriger Hund. Bringen Sie Lust und Gelassenheit für Spiel und Training auf? Der kontinuierliche

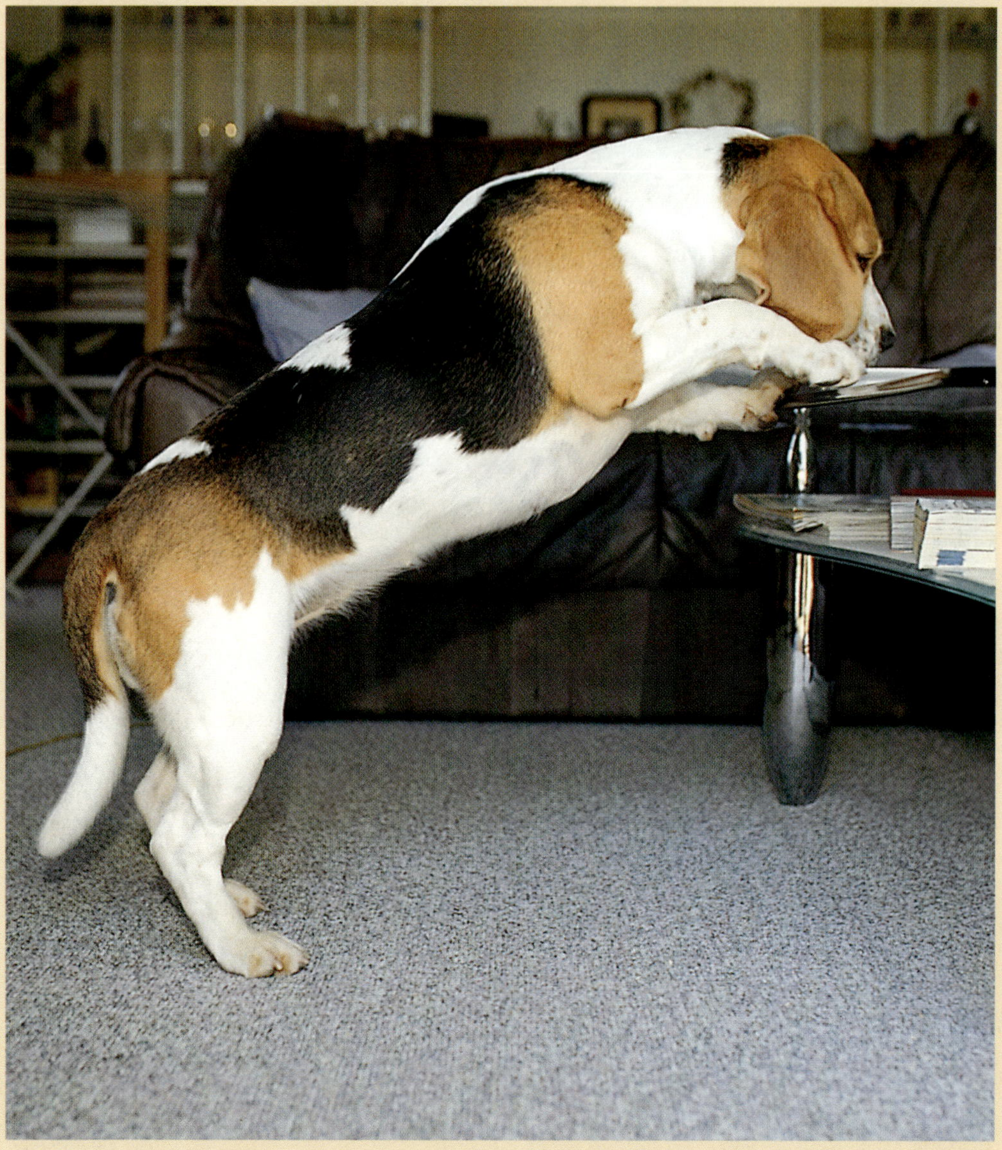

*Erreichbarer Beute kann kein Beagle widerstehen. (Foto: Chr. Steimer)*

Besuch einer guten Welpen- und Junghundgruppe fördert das Sozialverhalten des jungen Hundes und gibt Ihnen noch mehr Verständnis für Ihren Hund. Es entsteht ein festes Band und eine gute Mensch-Hund-Beziehung, die Sie bestimmt nach kurzer Zeit nicht mehr missen möchten.

Ein weiterer Punkt ist das Klauen, die mutwillige Eigenbeschaffung entweder von Futter oder eben anderen Dingen, die für den Hund von Interesse sein könnten. Ich decke zum Beispiel den Esstisch nur, wenn jemand daneben steht und mindestens ein Auge, besser zwei, auf Tisch und Hunde hat. Es gibt leider einige Dinge, die der Beagle nicht lernen will und lieber Strafe in Kauf nimmt, um sein Ziel zu erreichen. Er kann fast alles gebrauchen, auch die Brille und die Fernbedienung. Nach Tagen oder gar Wochen tauchen diese Dinge meist irgendwo im Garten wieder auf, angeknabbert oder fein säuberlich in Stücke zerlegt! Stellen Sie eine Tasche nie unbeaufsichtigt auf den Boden. Für einen Beaglewelpen gibt es nichts Interessanteres, als den Inhalt zu erforschen und eingehend auf Bissfestigkeit zu prüfen. Diese Unart bekommen Sie aber durch rechtzeitiges Beobachten und gezielte Erziehung in den Griff.

Gibt es bereits Kleintiere in Ihrem Haushalt? Hamster, Chinchilla, Meerschweinchen, Zwerghase, weiße Mäuse? Bedenken Sie, der Beagle ist und bleibt ein Jagdhund. Versuchen Sie nicht, die Tiere aneinander zu gewöhnen. Sitzt der Hund vor dem Käfig des Hamsters, steht das Nagetier permanent unter Stress. Trennen Sie die Tiere räumlich. Verlassen Sie sich nicht darauf, dass sich die Hausgenossen irgendwann als Familienmitglieder respektieren lernen.

Möchten Sie lieber eine Hündin oder einen Rüden? Schauen Sie einmal in der Nachbarschaft nach. Leben rechts und links von Ihnen überwiegend Hündinnen, dann sollten Sie sich vielleicht doch keinen Rüden kaufen. Eine Hündin nach der anderen wird heiß und Sie haben einen liebeskranken Hund daheim, der nicht fressen will, sondern tagsüber wie nachts vor Sehnsucht heult. Das kann sich störend auf Ihr Nervenkostüm und das Ihrer Nachbarn auswirken. Und bedenken Sie: Jeder Beagle hat seine Eigenschaften und Eigenheiten, die mehr individueller Natur sind und nicht oder kaum geschlechtsbedingt. Ein Rüde kann genauso zickig sein wie eine Hündin oder eben genauso schmusig und lieb.

Jede Hunderasse besitzt ihre Vor- und Nachteile. Der Beagle ist freundlich, offen und ausgeglichen zu allen Menschen und nie langweilig. Ich würde niemals Sorge haben, einen meiner Beagles in die Nähe eines Kleinkindes zu lassen.

Auf Spaziergängen weichen andere Ausflügler Beagles nicht aus. Die Robustheit und Gesundheit dieser Rasse gefällt mir auch. Tierarztbesuche beschränken sich bei meinen Beagles und ihrem Nachwuchs im Wesentlichen auf die jährliche Impfung. Unfälle steckten meine Hunde immer körperlich und seelisch gut weg.

Das kurze, wetterbeständige Fell ist auch von Vorteil. Meist reicht ein Handtuch aus, um es nach Wanderungen durch nasse Wiesen und matschige Felder zu säubern.

Die Lernbereitschaft, die Spielfreude, die hohe Verträglichkeit auch mit anderen Hunden, die Anhänglichkeit im Haus, die freudige Begrüßung eines jeden Besuchers und schließlich auch das große Schmusebedürfnis entschädigen mich für den kleinen Nachteil der außerordentlichen Jagdleidenschaft.

Haben Sie die von mir angesprochenen Punkte alle gut durchdacht und in der Familie diskutiert, dann wünsche ich Ihnen viel Freude mit dem neuen Familienmitglied Beagle, einem Hund mit Charakter, der das Leben in und mit seiner Familie bestimmt bereichern wird.

# Wo kaufen? – Züchter oder Händler?

Dass es gravierende Unterschiede, nicht nur im Welpenpreis, zwischen Hundezüchtern und -händlern gibt, ist vielen Menschen nicht bewusst. So hörte ich zum Beispiel: „In der Nähe bei uns ist auch ein Züchter, der nächste Woche neue Welpen aus Polen bekommt. Das stand in der Zeitung." So etwas erschreckt mich ganz besonders. Jemand, der Welpen wie eine Ware einkauft, um sie dann mit hohem Gewinn zu verkaufen, ist natürlich kein Züchter, sondern ein Händler. Im geschilderten Fall war es so, dass die Welpen schon mit fünf Wochen bei ihm waren, also die wichtigste Zeit ohne ihre Mutter verbringen mussten (was deshalb auch im Tierschutzgesetz ausdrücklich verboten ist). Das Thema Sozialisierung der Welpen gab es nicht. Es befand sich dort kein Welpenauslauf und kein Spielzeug. Auch über Impfungen und Wurmkuren machen sich solche Händler nicht die geringsten Gedanken. Ebenfalls nicht über Abstammungsnachweise! Sie wissen auch nicht, ob es sich bei den Welpen um reinrassige Beagles handelt. Das ist ihnen in der Regel gleichgültig, weil Käufer beim Welpen die Rassenzugehörigkeit nicht beurteilen können. Und zur Not gibt es ja Formulare, die aussehen wie Ahnentafeln. In einer VDH-Ahnentafel (siehe Adressen) aber sieht der Käufer geprüfte Ahnen des Welpen, die nachweislich existieren.

Von Händlern und Vermehrern hebt sich ein Beaglezüchter durch folgenden Werdegang ab. Bevor sich ein seriöser Beaglezüchter überhaupt auf seinen ersten Wurf, bei dem alle Welpennamen mit dem Buchstaben A beginnen, freuen kann, lernt er erst einmal für die Züchterprüfung: über Genetik, geeignete Verpaarungen, über artgerechte Haltung der Hunde, Betreuung der trächtigen Hündin, über die Geburt und die optimale Welpenaufzucht. Er liest viel, besucht Seminare und unterhält sich mit Tierärzten. Er macht sich Gedanken, welche Hündin er in die Zucht nimmt, muss sie mehrfach auf Ausstellungen von verschiedenen Richtern beurteilen lassen, um die

*Die Hündin eines seriösen Züchters erhält ihre Zuchtzulassung durch Bestnoten bei Hundeausstellungen, was hier ihre Pokale beweisen. (Foto: K. Behlert)*

Zuchtzulassung zu erlangen. Nicht jeder Beagle ist korrekt genug für die Zucht. Und schließlich sucht er den geeigneten Rüden aus. Auch das ist nicht so einfach, da es dabei nicht nur um Äußerlichkeiten, sondern vor allem und ganz entscheidend um die genetische Verbindung geht. Die muss passen, denn die Welpen sollen vor allem gesund sein.

Während der Trächtigkeit sind Hündinnen sensibler, stehen im Rudel für diese Zeit höher im Rang, sind anhänglicher. Sie brauchen eine besonders aufmerksame Betreuung. Ein paar Tage vor der Geburt sind mehrere kurze Spaziergänge am Tag angesagt, damit die Hündin genug Bewegung bekommt und dadurch die Geburt günstig beeinflusst wird. Setzt die Geburtsphase ein, bedeutet das auch mal eine schlaflose Nacht, ist aber selbstverständlich. Wenn endlich der komplette ersehnte Wurf da ist, muss er rund um die Uhr betreut werden. Die Polyesterdecken in der Wurfkiste werden wiederholt gewechselt, damit Mutter und Welpen sauber und trocken liegen. Frisches Wasser und erstes Futter bringe ich zur Kiste, weil die Mama in den ersten Stunden nach der Geburt die Kleinen nicht verlassen will.

Drei Wochen lang bleibt die kleine Familie hier im Wohnzimmer und keine der anderen Hündinnen stört diese innige Gemeinschaft. Mit elf oder zwölf Tagen öffnen die Kleinen die Augen, mit etwa 18 Tagen die Ohren. Sie fangen an, ihre Umwelt bewusst wahrzunehmen, und können am 20. Tag ins „Kinderzimmer" nach nebenan mit Schlafkiste und Einstreuauslauf umziehen. Die Mutter hat weiterhin Zugang zur Züchterfamilie, den anderen im Haushalt lebenden Hunden wie zu den Welpen, wann immer sie möchte.

Zuchtwarte des BCD (siehe Adressen) kontrollieren, ob es allen erwachsenen Hunden und den Welpen gut geht, ob sie richtig untergebracht sind, der Pflegezustand in Ordnung ist, ob sie richtig gefüttert werden und vom Wesen her in Ordnung sind. Sie untersuchen die Welpen auf zuchtausschließende Fehler und schreiben einen Wurfabnahmebericht, den auch der Käufer bekommt. Ich bemühe mich, die Welpen früh an Haushalts- und Umweltgeräusche zu gewöhnen. Auch der Tierarzt sieht sich die Welpen genau an und untersucht sie gründlich vor den Impfungen.

Außerdem entstehen dem Züchter einige Kosten. Eine Hündin muss zunächst die Zuchttauglichkeit auf mehreren Ausstellungen nachweisen. Dafür fallen Meldegeld, Fahrt- und Hotelkosten an. Der Tierarzt untersucht die Hündin, röntgt sie auf Hüftgelenkdysplasie (HD) und macht einen genetischen Test. Danach schickt er all das an einen Gutachter. Der Züchter zahlt dafür. Das Futter muss hochwertig und abwechslungsreich sein. Gute Polyesterfelle für mehrere Hunde und die Welpenkisten werden reichlich eingekauft. Ständige Pflege, auch der Hunde, die schon aus der Zucht sind (ab dem achten Geburtstag), mit Wurmkuren, Flohmittel, tierärztlichen Untersuchungen und Impfungen sind selbstverständlich. Die Clubkosten wie Mitgliedsbeiträge, Kauf von Zuchtbüchern und Computerdateien, Kontrolle durch die Zuchtwarte, Ahnentafeln und Wurfabnahmen fallen an. Die Hündin, die gedeckt werden soll, wird vor dem Deckakt vom Tierarzt auf Bakterien hin untersucht. Er macht auch während der Hitze mehrmals einen Progesterontest, damit die Hündin zum richtigen Zeitpunkt zum Deckrüden kommt. Es fallen normalerweise zwei Decktage an, mit oft weiten Fahrten und Übernachtungen. Der Rüdenbesitzer erhält vom Züchter eine Decktaxe. Während der Trächtigkeit lässt

*Das „Kinderzimmer" wird sehr schnell Ausgangspunkt für Entdeckungstouren. (Foto: B. Kronz)*

der Züchter eine Ultraschallaufnahme machen, um sicherzugehen, dass es sich nicht um eine Einfrüchtigkeit handelt, die bei der Geburt zu Problemen führen kann. Ein Welpenraum mit Tageslicht, gut wischbaren Böden, Heizung und Belüftung, einer gemütlichen Schlafkiste und großem Welpenauslauf wird eingerichtet. Welpenspielzeug (es muss ab und zu ersetzt werden),

*Ein guter Züchter wird den Welpen immer wieder neue Entdeckungen möglich machen. (Fotos: U. Schanz)*

Welpenschüsseln, Welpenmilch und Waage werden angeschafft. Der Züchter besorgt hochwertige, staubarme Einstreu, die mehrmals am Tag im Welpenauslauf gewechselt wird, und mancher, je nach Region, zahlt auch für die Entsorgung nicht wenig. Die Betreuung der Käufer ein Hundeleben lang gehört auch dazu (Telefonate, Besuche, Hilfe bei der Suche einer geeigneten Hundeschule, Zwingertreffen und vieles mehr), ebenso die Rücknahme und Neuvermittlung eines Beagles, wenn es wegen Krankheit, Scheidung oder anderer Schicksalsschläge notwendig wird.

Dass bei einem solchen Aufwand der Welpenpreis höher liegt, ist eigentlich einleuchtend!

*Und die Kleinen entdecken ihre Stärken, Schwächen und auch Grenzen.*

Und keiner sollte vergessen, mit wieviel Liebe und Einsatz sich ein engagierter, seriöser Züchter um seine Welpen kümmert.

Um einen guten Hund zu bekommen, informieren Sie sich bitte genau. Lassen Sie sich Zeit. Wenden Sie sich an die Welpenvermittlung des BCD (siehe Adressen). Sie erhalten von dort eine Liste mit Züchtern aus Deutschland, die zurzeit Welpen haben oder binnen kurzem Welpen erwarten. Wenden Sie sich an verschiedene Züchter, um Besuchstermine zu vereinbaren. Schauen Sie sich um und vergleichen Sie. Wie laufen die Hunde auf die Züchterfamilie zu? Achten Sie auf das Stimmungsbarometer

*Die Fellfarbe eines Beagle entwickelt sich über Monate. Hier ist Black Buddy mit fünf Wochen und mit zwei Jahren. (Foto: B. Kronz)*

Rute. Ist sie wedelnd oben? Ein guter Züchter hat dafür nicht nur Verständnis, sondern erwartet das von Interessenten. Es zeigt ihm, dass Sie sich Gedanken machen und es für Sie keine vorübergehende Laune ist. Aber auch er wird Ihnen viele Fragen stellen, damit er sichergehen kann, dass sein Welpe zu dem passenden Besitzer kommt. Richten Sie sich auf längere Wartezeiten ein, denn das Interesse an Beaglewelpen ist groß. Es kann sein, dass der Wurf schon vergeben ist und sie auf den nächsten warten müssen. Aber das lohnt sich, wenn Ihnen die Gespräche und die Aufzuchtbedingungen zusagen. Wie gesagt, Sie treffen eine Entscheidung für eine sehr lange Zeit! Stimmen Sie rechtzeitig mit dem Züchter einige Dinge ab, damit es

(Foto: J. von Seegon)

später, eventuell erst bei der Welpenübernahme, nicht zu ärgerlichen Überraschungen kommt. Einige Züchter verkaufen vielversprechende Hündinnen nur dann, wenn der Käufer einen Vertrag mit Zuchtmiete unterschreibt. Das heißt, der Käufer verpflichtet sich, dem Züchter die Hündin für einen oder mehrere Würfe zu überlassen, falls sie die Zuchttauglichkeit erlangt. Das bedeutet, dass die Hündin einige Male ausgestellt werden muss. Ab dem 30. Tag nach dem Deckakt bis zur Wurfabnahme lebt sie beim Züchter und nicht in ihrer gewohnten, vertrauten Umgebung. Es geht hier also um eine Trennung von mindestens 13 Wochen. Möchten Sie das? Ich habe einmal eine Zuchtmiete versucht und feststellen müssen, dass sich die

Hündin nach ihrer Familie sehnte und seelisch sehr unter der Trennung litt, trotz meiner liebevollen Fürsorge. Für mich war damals klar, so etwas mache ich nie wieder. Gerade in trächtigem Zustand und bei einer Geburt braucht die Hündin ihre vertraute Umgebung, ihre Familie. Und falls ein Züchter feststellt, dass die Hündin sich nicht „beaglewohl" fühlt, kann er dem nicht abhelfen. Er muss sich an die Zuchtordnung halten, die besagt, dass diese Hündin nur bei ihm in dieser Zeit leben und werfen darf – eben bei einem qualifizierten Züchter. Würde er sie zurück nach Hause bringen, würden ihn wegen des Verstoßes gegen die Zuchtordnung vom Club harte Strafen erwarten.

Fragen Sie den Züchter, ob Sie den Kaufvertrag einige Zeit vor der Abholung durchlesen können, damit Sie wissen, was Sie erwartet. Bei der Abholung schauen die Käufer doch einzig und allein nach ihrem Welpen und wollen sich an diesem so bedeutsamen glücklichen Tag nicht mit juristischen Dingen auseinander setzen. Machen Sie mit dem Züchter ferner aus, dass er Sie benachrichtigt, falls ein Fehler beim Welpen sichtbar wird. Wahrscheinlich wird es Sie gar nicht stören, wenn der Welpe zum Beispiel ein nicht ganz korrektes Gebiss besitzt. Den Hund stört es in aller Regel auch nicht, aber er entspricht mit diesem Fehler nicht mehr dem Zuchtstandard. Ich rufe in dem Fall den Käufer an, teile ihm den Fehler mit, sage ihm, dass der Hund damit nie zur Ausstellung kann, und bespreche mit ihm, inwieweit der Hund, wenn überhaupt, durch den Fehler beeinträchtigt wird. Innerhalb von zwei Tagen erwarte ich den Rückruf, ob der Käufer zurücktritt oder ob er damit leben kann. Natürlich sinkt bei einem Welpen der Kaufpreis, wenn er einen Mangel aufweist.

Häufig werde ich gefragt, ob meine Welpen aus „jagdlicher Anlagezucht" stammen. Verneine ich es, glauben die Käufer, dass sie einen Welpen erhalten, der einen wenig ausgeprägten Jagdinstinkt besitzt, und wirken erleichtert. Diese Illusion zerstöre ich sofort. Ich hatte ganz einfach aus verschiedenen Gründen nicht den Wunsch, mit meiner Hündin die Spurlautprüfung zu absolvieren. Nur deshalb bekommen ihre Welpen keine jagdlichen Papiere von geprüften Eltern. Das heißt aber nicht, dass Vater und Mutter ihre brillanten jagdlichen Gene bei der Verpaarung zurückhalten.

Lassen Sie sich beim Aussuchen Ihres Welpen nicht durch die momentanen Farben verunsichern. Es gibt dreifarbige (tricolour) und zweifarbige (bicolour) Beagles. Bei den dreifarbigen Welpen sind Kopf, Nacken, Ohren, Schultern und Oberschenkel der Hinterhand oft noch schwarz. Die braune Färbung entwickelt sich zusehends in den kommenden Wochen. Zweifarbige Welpen sehen erst einmal sehr hell aus, aber die roten oder hellbraunen Fellstellen dunkeln in einigen Wochen intensiv nach.

Kommt Ihr Traumwelpe nicht sofort auf Sie zu gesprungen? Das muss nicht heißen, dass er weniger Temperament besitzt als die anderen. Vielleicht tobte er vor Ihrem Besuch zu viel, ist nun bei Ihrer Ankunft gerade furchtbar müde. Für Sie sieht es dann so aus, als ob irgendetwas mit dem Kleinen nicht in Ordnung sei. Wenn möglich, lassen Sie ihn ein bis zwei Stunden ausschlafen und sich erholen. Nutzen Sie die Zeit, um mit dem Züchter all Ihre Fragen zu besprechen. Danach gehen Sie wieder zu den Welpen und werden feststellen, dass auch Ihr Kleiner nun einen lebhaften Eindruck macht.

# Trennung nach acht Wochen. Warum?

Die Instinkte aller Hunde gehen auf das Wolfserbe zurück. So auch das Verhalten der Mutter den Welpen gegenüber. Bei Wolfsmüttern wie bei heutigen Hundemüttern findet von der fünften bis zur achten Woche spielerische Erziehung statt. Benimmt sich ein Welpe zu dreist den Geschwistern gegenüber, hört zum Beispiel nicht auf, in den Bauch des Bruders zu beißen, obwohl der sich lauthals beklagt, greift sie ein und bringt ihn zur Räson. Lege ich einen großen Pappkarton auf die Wiese und die Welpen trauen sich zunächst nicht daran, geht die Mutter zu ihnen und führt

*Mit acht Wochen beginnt auch im Rudel für Welpen der Ernst des Lebens. (Foto: U. Schanz)*

sie vertrauensvoll an das Furcht einflößende Ding. Sie beißt in den Karton und schiebt ihn hin und her. So sehen die Welpen, dass keine Gefahr droht, und gehen mutig darauf zu. Sie vermittelt ihnen zusehends mehr Sicherheit in Bezug auf ihre Umwelt, sodass die Kleinen immer mehr wagen. Nach diesen acht Wochen hat die Mutter ihren Teil der Arbeit erledigt und überlässt die Kleinen dem Vater. Sie bereitet sie gut auf die Veränderung, die Trennung in ihrem Leben vor. Im Wolfsrudel übernimmt nun der Vater die alleinige Anleitung und Ausbildung für den Ernst des Lebens. Durch ihn lernen sie, was es heißt zusammenzuarbeiten.

Kommt genau zu diesem Zeitpunkt der neue Besitzer, um seinen Welpen zu holen, kann er all die Aufgaben des Vaterrüden übernehmen. Der Welpe wird zu diesem Zeitpunkt nicht unter der Trennung von seiner Mutter leiden, weil ihm sein Instinkt sagt, dass jetzt der richtige Moment für den Wechsel da ist. Der Mutter geht es ebenso.

Der neue Halter erhält damit die große Chance, seinen jungen Vierbeiner entsprechend zu prägen, denn der ist eben gerade jetzt lernbegierig und erwartungsvoll. Die achte bis zwölfte Woche ist die wichtigste Sozialisierungsphase. Das wird in vielen guten Büchern von Ethologen (Verhaltensforscher) unmissverständlich betont.

Findet aber, trotz der Vorbereitung der Kleinen, keine Übergabe statt, übernimmt die Mutter die Aufgabe des Vaterrüden und bindet ihre Welpen durch diese Lehr- und Lernzeit stark an sich.

Folgt einer der Kleinen nicht, ruft sie ihn härter zur Ordnung als in den Wochen vorher. Schließlich muss er lernen, dass Gruppenbildung und Disziplin zum Erhalt der Art, des Rudels vonnöten sind. In dieser Zeit nimmt sie sich öfter einzelne Welpen für den Unterricht vor und übt mit ihnen rennen, Haken schlagen, Hindernissen ausweichen, Angriff und Abwehr. Manchmal versteckt sie sich in einem dichten Busch und feiert mit dem Welpen, der sie findet, das Erfolgserlebnis. Kondition, Selbstsicherheit und Bindung werden nach und nach aufgebaut.

Kommt die Trennung erst in der zwölften Woche oder später auf Mutter und Kinder zu, ist es für beide eine kritische Situation. Eine starke innere Verbundenheit wird unterbrochen.

# Vorfreude ist die schönste Freude – Vorbereitungen und Anschaffungen

Gehen Sie davon aus, dass Ihr neuer Hausgenosse zunächst mit einem wohl nie enden wollenden Forschertrieb ausgestattet ist. Alles wird erst einmal untersucht und wenn möglich hineingebissen. Schützen Sie ganz besonders frei liegende Kabel. In Baumärkten bekommen Sie bissfeste Kabelschächte, die einen wirklich guten Zweck erfüllen.

Haben Sie (offene) Treppen im oder am Haus? Ein Babygittertürchen oder ein gut befestigtes Brett bewahren den kleinen Kerl schlimmstenfalls vor einem Sturz bis in den Keller. Ein Hund soll im ersten Lebensjahr sowieso keine Treppen steigen. Ein Beagle ist zwar sehr, sehr selten vom HD-Problem betroffen, aber auch bei ihm wie bei jedem jungen Hund müssen sich die Schultern erst festigen, sonst dreht er die Ellbogen aus, wird locker in den Schultern und läuft vorne o-beinig. Denken Sie daran, dass manches Treppengeländer so schön gearbeitet ist, dass die pure Neugier dazu verleitet, mal eben schnell den kleinen Kopf hindurchzustecken. Und wie geht's zurück? Zurechtgeschnittene Stoff- oder Kunststoffbahnen verhindern neugierige Blicke. Nicht alles ist überall ebenerdig! Wie kommt er auf die Terrasse und dann in den Garten? Bauen Sie ihm, dort wo es nötig erscheint, kleine, schräge Laufhilfen ein. Glastüren im Haus sind chic, der Zusammenstoß damit eher schmerzhaft. Einige kontrastreiche Klebestreifen in Augenhöhe des Welpen signalisieren ihm: Vorsicht, ein Hindernis! Er lernt es für sein Leben.

Dinge, an denen Ihr Herz besonders hängt, gute Bücher, teure Teppiche, Brillen, antike Bodenvasen, Kinderspielzeug oder Schuhe, verwahren Sie in den nächsten Monaten besser „beaglesicher". Auch Putzmittel, Medikamente, Schaumgummi, scharfkantige Gegenstände, Nylonstrümpfe, kleine Teile, die er verschlucken kann – dies alles muss für ihn außer Reichweite sein. Natürlich soll er auch lernen, Dinge, die für ihn absolut tabu sind, zu respektieren. Alles wegzuräumen ist auf Dauer nicht sinnvoll. Ermahnungen sollten sich jedoch in Grenzen halten.

Erkundigen Sie sich bei einem sachverständigen Gärtner oder Ihrem Tierarzt über mögliche Giftpflanzen in Haus und Garten. Auch das Internet hilft mit wertvollen Hinweisen hierzu weiter:

*Überprüfen Sie Balkon/Garten auf giftige Pflanzen, bevor es ein Welpe tut. (Foto: K. Behlert)*

*Die Neugier eines jungen Beagles ist grenzenlos – seine Risikobereitschaft manchmal auch. (Foto: K. Behlert)*

www.vetpharm.unizh.ch/giftdb/giftf.htm. Ich habe leidvolle Erfahrungen mit Kriechwacholder, Eibe und Thuja gemacht. Natürlich kann man den über Jahre schön gewachsenen Garten nicht auf einmal total neu bepflanzen. Ich zäune Thuja und Eibe mit engmaschigem Draht ab, sodass die Welpen die Pflanzen nicht probieren. Meine erwachsenen Beagles kauen nicht mehr daran. Wahrscheinlich bildet sich irgendwann nach dem 6./7. Monat der Instinkt dafür aus.

So es nicht ohnehin schon geschehen ist, zäunen Sie Ihren Garten vor der Abholung dicht ein und vergessen Sie dabei nicht, dass die meisten Beagles gerne buddeln. Also auch nach unten hin keine Möglichkeit zum Durchkommen lassen. Ein oben offener Zaun, zum Beispiel ein Jägerzaun, muss nicht so hoch sein wie ein oben geschlossener Zaun aus waagerecht verlaufenden Brettern, auf die ein Hund beim Sprung seine Pfoten aufsetzen kann. Erkundigen Sie sich beim Bauamt Ihrer Gemeinde, welche Zaunhöhe ohne Bau- und Nachbarschaftsgenehmigung zulässig ist. Eine Höhe von 1,20 bis 1,50 Meter reicht in der Regel aus. Schauen Sie sich Ihren Zaun kritisch an. In den ersten Wochen passt der kleine Beaglekopf bequem hindurch. Hier hilft zusätzlich engmaschiger Draht.

Verfallen Sie nicht der Idee, Ihren Garten mit einem Strom führenden Weidezaun abzugrenzen. Der Beagle rennt auf jeden Fall dagegen und bekommt den Stromschlag als Nasenstüber. Er lernt aber leider nicht daraus, dass er nicht weglaufen soll, sondern verbindet den Schmerz mit dem, was er im Moment wahrnimmt. Das kann ein spielendes Kind oder die vorbei spazierenden Nachbarn sein. Wollen Sie, dass er künftig Schmerz mit diesen Personen verbindet? Er soll in Zukunft die Nachbarn freundlich wedelnd begrüßen und keine Angst vor Kindern haben.

Nun zu den notwendigen Anschaffungen vorher. Ich empfehle einen Klappkäfig in der Größe von etwa 75 × 54 × 61 Zentimeter. Stören Sie sich nicht an der Größe. Am ersten Tag wirkt der kleine Welpe sicher etwas verloren in seinem großen Heim, aber das ändert sich schnell. Diese wirklich sinnvolle Investition ist überaus hilfreich für die Sauberkeitserziehung des Welpen während der Nacht, ist Schlaf-, Rückzugs- und Ruheplatz, ist für den Hund der sicherste Platz im Auto und in vielen Hotels gerne gesehen. Käfig klingt für die meisten Menschen wie Gefängnis. Für einen Hund ist das anders. Ich tendiere mehr zum Käfig als zu blickdichten Boxen. Hier bei mir gehen schon die Welpen mit sechs Wochen zum Mittagsschlaf gerne hinein, weil sie sich darin geschützt fühlen, aber dennoch alles beobachten können. Dieser Käfig ist bei mir zu Hause niemals geschlossen, sodass sich meine Damen und Welpen, wann immer sie wollen, dort hineinkuscheln können. Ein gern besuchter Platz! Kaufen Sie ein apartes Körbchen, müssen Sie damit rechnen, dass der Beagle es ständig zerlegt. Der Hund soll es auch bequem haben. Legen Sie in den Käfig vorzugsweise zwei Polyesterdecken. Diese sind gut waschbar, trocknergeeignet, hygienisch und ungeziefersicher. Sie halten den Beaglezähnen stand, sind fast unverwüstlich. All diese Voraussetzungen erfüllen die abgelegten Decken der Großmutter nicht, denn sie sind gewöhnlich aus Naturfasern und würden Parasiten gut beherbergen. Ich lege eine große Decke in den Käfig und darauf eine kleinere zum Wühlen. Beagles formen sich damit gerne ein gemütliches Kopfkissen.

*„My cage is my castle“ – der offene Käfig ist schnell geliebte Privatsphäre. (Foto: B. Muckelbauer)*

Zwei Näpfe braucht Ihr Hund, für Futter und Wasser. Edelstahlnäpfe sind hygienischer und besser zu reinigen als solche aus Kunststoff. Der Wassernapf steht dem Hund immer zur Verfügung. Mehrmals am Tag wird er mit einem Schwamm gereinigt und mit frischem Leitungswasser gefüllt. Den Futternapf stellen Sie für nur etwa zehn bis 15 Minuten während der Mahlzeiten vor den Beagle hin. Diese Zeit reicht für die Fütterung aus. Rührt er das Futter nicht an, ist er zu satt oder zu verwöhnt. Das gilt für den Welpen wie auch für den erwachsenen Beagle.

Sprechen Sie mit dem Züchter ab, ob Sie Halsband und Leine besorgen sollen oder ob er das für Sie erledigt. Ich kaufe beides zur sechsten Lebenswoche der Welpen und gewöhne sie täglich etwas daran. Damit ist es bei der Abholung nicht mehr völlig ungewohnt für die Kleinen.

Angenommen, Sie selbst sollen ein Halsband einkaufen, nehmen Sie ein flaches Leder-, Polypropylen- oder Nylonhalsband von mindestens 2 Zentimeter Breite. Kunststoff ist preisgünstig, haltbar und kann gut abgewaschen werden. Leder ist pflegeintensiv, teurer und kann nach ein bis zwei Jahren reißen. Ich kaufe für meine Welpen Nylonhalsbänder von 25 Zentimeter Länge, die auf 36 Zentimeter verlängert werden können, und leichte Leinen von 2 bis 3 Meter Länge. Zusätzlich kaufen Sie ein Nylonbrustgeschirr mit dem Umfang von 40 bis 50 Zentimeter. Hierbei achten Sie bitte unbedingt darauf, dass Sie ein Suchgeschirr und kein Erziehungsgeschirr nehmen. Beim Tragen eines Erziehungsgeschirrs leidet der Hund unter den Achselhöhlen Schmerzen. Auf Spaziergängen tragen meine Hunde alle ein Suchgeschirr, bei dem die seitlichen, flachen Riemen um den Brustkorb geführt und auf der Mitte des Rückens befestigt werden. Halsbänder verwende ich selten. Rennt der Hund einmal mit vollem Schwung in die Leine, so muss ich bei diesem Ruck nicht befürchten, dass die Halswirbel leiden oder Atemnot eintritt. Der Druckpunkt liegt dann nicht am Hals, sondern an der vorderen Brustpartie. Auch für einige Übungen (siehe im Kapitel „Erziehung ...“ unter Leinenführigkeit) ist ein Brustgeschirr besser geeignet als ein Halsband.

Ans Halsband oder Brustgeschirr hängen Sie eine Adresshülse mit Ihrer Telefonnummer und Adresse, falls Ihr Liebling einmal abhanden kommt. Neben der Adresshülse tragen meine Hunde die Plakette von TASSO (siehe Adressen). Diese Organisation arbeitet für alle Hilfesuchenden kostenlos bei Suche und Rückvermittlung vermisster Tiere.

Alle Beagles aus dem Beagleclub Deutschland e.V. sind im linken Ohr mit der Ahnentafelnummer tätowiert und werden unter dieser Nummer registriert. Die Tätowierung verblasst leider manchmal. Zusätzlich haben Sie aber die Möglichkeit, Ihren Hund beim Tierarzt chippen zu lassen. Der Chip, auch Transponder genannt, wird schmerzfrei in die linke Nackenseite implantiert. Es geht so schnell wie eine Impfung. Falls ein entlaufener Beagle aufgefunden wird, können Tierärzte und Tierheime mit Lesegeräten die Identifikationsnummer abrufen, das Zentralregister informieren und so den Besitzer finden.

Klären Sie vorher – viele Welpenübergaben finden am Wochenende statt – mit dem Züchter, ob und für wie viele Tage er Ihnen Futter mitgibt. Der Welpe muss auf jeden Fall das gleiche Futter

*Beim Züchter erhalten Welpen ein genau auf sie abgestimmtes Futter – bleiben Sie dabei. (Foto: B. Kronz)*

wie beim Züchter bekommen! Eine Futterumstellung auf eine andere Sorte bringt bei einem Welpen die Darmflora durcheinander und Sie müssen schneller als gewünscht zum Tierarzt. Fragen Sie Ihren Züchter nach einem detaillierten Futterplan mit genauen Mengenangaben. Meine Welpen füttere ich mit hochwertigem Trockenfutter, gebe aber bei einer von drei Mahlzeiten am Tag stattdessen entweder Quark mit geriebenem Apfel und Imkerhonig oder angewärmten Hüttenkäse oder warmes, rohes Tartar oder gekochtes Geflügelfleisch. Neben den Mahlzeiten gewöhne ich sie an geschälte, kleine Apfel-, Birnen- und Bananenstückchen, geraspelte Möhren vermischt mit etwas Sonnenblumen- oder Distelöl. Manchmal verteile ich rohes Eigelb über das Trockenfutter. Rohes Eiklar gehört nicht in den Hundemagen, weil es zu Verdauungsschwierigkeiten führen kann und das Biotin (Vitamin H) vernichtet. Sie können dem Trockenfutter auch ein wenig gekochtes Gemüse zusetzen wie zum Beispiel Spinat oder zerdrückte Bohnen (Bohnen sind roh giftig, aber gekocht verträglich). So ist immer für Abwechslung gesorgt und die Darmflora bildet sich gut aus. Wird ein Beagle früh an all die verschiedenen Nahrungsmittel gewöhnt, frisst er sie auch als erwachsener Hund.

Richten Sie sich auf keinen Fall nach den Mengenangaben auf Futterbeuteln. Sie sind immer zu hoch. Und kaufen Sie lieber kleine Mengen, 3 bis 5 Kilogramm, ein. So kann es Ihnen nicht passieren, dass das Trockenfutter schlecht wird, was Sie weder riechen noch sehen können. Erbrechen, Durchfall und Magenschleimhautentzündung können die Folge sein.

Außerhalb der Mahlzeiten bekommt der Welpe ab und zu einen kleinen Büffelhautknochen und fettarme Leckerchen ohne Zucker. Geben Sie diese winzig zerteilt. Sie sind nur eine kleine Belohnung für guten Gehorsam und ersetzen nicht die Mahlzeiten.

*Leckerchen zwischendurch gibt es nur bei der Arbeit und sie sind immer winzig klein. (Foto: U. Schanz)*

Was Sie für die Pflege benötigen, lesen Sie im Kapitel „Die Rundumversorgung“.

Spielsachen sind unentbehrlich, dürfen aber nicht zu reichlich ausfallen, weil sie sonst schnell uninteressant werden. Das kennen wir von Kindern ja auch. Geeignet sind zum Beispiel Figuren aus festem Kunststoff, die abwaschbar sind. Hunde spielen gerne mit Bällen. Für den Beagle dürfen sie nicht zu groß oder zu klein sein. Er soll sie in den Fang nehmen, aber nicht verschlucken können. Die Größe von Tennisbällen finde ich optimal. Seien Sie in Sachen Spielsachen auch selbst ein wenig kreativ. Oft sind es einfache, selbst gebastelte Dinge, die Ihren Hund hoch erfreuen. Ein alter Tennissocken, unten ein fester Knoten, ein alter Tennisball hineingestopft und darüber noch ein fester Knoten, fertig. Das „Ding“ lässt sich gut werfen, springt wie wild durch die Gegend und der Beagle hinterher.

Ich rate auf jeden Fall zu Tierhalterhaftpflichtversicherung. Stellen Sie sich vor, die Leine reißt und Ihr Beagle rennt auf die Straße. Sie sind dann zwar froh, wenn der Autofahrer bremst und Ihr Schlappohr lebt, aber ein anderes Auto fährt voll auf den ersten Wagen auf. Es kommt zu vielleicht schweren Verletzungen der Insassen und zu erheblichen materiellen Schäden. Behandlungskosten, Verdienstausfälle, Werkstattkosten und anderes können eine ungeheure Summe ausmachen. Die Prämie für eine Versicherung ist dann sicher das kleinere Übel.

# Der Ernst des Lebens – über Hundeschulen mit Welpengruppen

Erkundigen Sie sich frühzeitig nach guten Hundeschulen. Züchter, Tierärzte, andere Hundehalter und auch das Internet können wertvolle Hinweise geben. Gehen Sie hin, schauen Sie sich um und stellen Sie der Trainerin oder dem Trainer Ihre Fragen. Die Berufsbezeichnung „Tier- oder Hundetrainer“ ist weder geschützt noch ist sie mit bestimmten Auflagen verbunden. So kann sich jeder, der sich berufen fühlt, das Schild „Hundeschule“ an die Tür hängen. Ich persönlich habe eine Menge schlechter Erfahrungen gemacht. Davor möchte ich Sie bewahren.

*In einer guten Welpengruppe werden die Hunde sich nie selbst überlassen, auch nicht im Spiel. (Foto: B. Muckelbauer)*

Stellen Sie folgende Fragen, wenn Sie sich eine Welpengruppe aussuchen:

- Bieten sie Welpenspieltage an? Wenn ja, in welcher Gruppengröße?

Ein Trainer sollte nicht mehr als maximal sechs Welpen aufmerksam betreuen.

- Wie alt sind die Hunde in der Welpengruppe?

Zwischen acht und 18 Wochen alte Hunde gehören in diese Gruppe. Von der 16., spätestens 18. Woche an folgt die Junghundgruppe.

- Wie oft und wie lang findet der Unterricht statt?

In der Regel einmal pro Woche. Zwischen den

Unterrichtstagen machen Sie täglich die Hausaufgaben mit Ihrem Lehrling.

- Mit welchen Methoden zur Korrektur wird gearbeitet?

Über Motivation und Lob oder Druck und Strafe? Kommen in der Ausbildung Stachel- oder Würgehalsbänder zum Einsatz und/oder wird mit Elektroschock* über das Hundehalsband gearbeitet? Suchen Sie sich eine bessere Hundeschule.

- Werden die Welpengruppen nach Temperament geordnet?

Ein kollektives „Drauf auf Schwächere" muss vermieden werden. Schlechte Erfahrungen durch Mobbing darf ein Welpe nicht machen, da er unkonzentriert und ängstlich wird.

- Was und wie viel wird an Theorie vermittelt? Und wie?

In Schulen mit hohem Anspruch werden Seminare zu Themen über hundliche Verhaltensweisen angeboten, damit die Besitzer ihren Hund verstehen lernen, nicht menschliche Gedanken bei ihm voraussetzen und Ausdrucksverhalten/ Instinkte ihres Hundes einschätzen lernen.

- Bieten sie Kurse zu jeder Jahreszeit an?

Kommt der Welpe im November zu Ihnen und kann erst im Frühjahr in die Schule, ist die so wichtige Lernphase (Prägungsphase achte bis 16. Lebenswoche) vorbei. Versierte Hundeschulen bieten durchgehend Kurse an.

- Welche Erfahrungen haben sie mit der Rasse Beagle?

Es wäre schön, könnte der Trainer den besonderen Jagdtrieb beim Beagle beurteilen.

- Ist der Übungsplatz sicher eingezäunt?

Zu zwei Übungen, die in vielen Hundeschulen praktiziert werden, muss ich mich kritisch äußern. Es hat sich für mich und einige meiner Welpenkäufer gezeigt, dass diese Übungen beim Beagle nicht greifen. Dem Beagle soll das Weglaufen abgewöhnt beziehungsweise das Herankommen auf Ruf oder Pfiff beigebracht werden. Er soll lernen, auf Richtungswechsel des Besitzers zu achten. Dafür wird ihm am Halsband ein langes Seil befestigt, 10 bis 20 Meter lang, das auf dem Boden schleift. Dem Hund soll damit Zugriff des Besitzers signalisiert und zu viel Selbstsicherheit zum Ausbüchsen genommen werden. Der Hundeführer geht neben dem letzten Drittel des Seils, um notfalls mit den Füßen darauf zu springen, falls der Beagle nicht auf Kommando kommt.

Nachdem drei meiner Welpenkäufer diese Übung versucht hatten, es aber vollständig schief ging, bin ich heute sehr dagegen. Es mag bei vielen Jagdhundrassen fruchten, weil sie ein anderes Ausdrucksverhalten besitzen als der Beagle und der Mensch rechtzeitig erkennen kann: „Gleich geht er auf die Jagd." Diese Jagdhunde ziehen zum Beispiel ein Vorderbein angewinkelt hoch oder schnüffeln besonders aufgeregt kurze Zeit an einer Stelle, bevor sie auf die Spur gehen. Da kann der Hund rechtzeitig angeleint werden. Aber beim Beagle sieht man es oft nicht, hat man diesen so wichtigen kurzen Augenblick nicht. Er geht nicht, wie viele andere Jagdhunde, erst in die Ausbildung, um zu lernen, die Nase einzusetzen. Er kann das von sich aus, hält seine Nase immerzu am Boden und schnüffelt mehr oder weniger intensiv. Dieses Verhalten beim Schnüffeln wechselt oft und bedeutet nicht immer, dass der Hund eine Wildspur hat. Es kann sich hier genauso gut nur um ein weggeworfenes Papiertaschentuch handeln, das er auffressen möchte. Sie können Ihren Beagle noch so gut studieren, an seinem Ausdrucksverhalten kurz vor der Jagd

* *Elektroreizgeräte: Der VDH-Vorstand hat am 26. April 2002 folgenden Beschluss gefasst: Die Anwendung von Elektroreizgeräten – einschließlich des Verbringens und Anlegens solcher Geräte sowie entsprechender Attrappen – ist auf Übungsplätzen und Ausbildungsgeländen von VDH-Mitgliedsvereinen untersagt (was auch im Tierschutzgesetzt festgeschrieben ist).*

*Mit einem langen Seil am Halsband wird hier (erfolgreich) „Komm“ trainiert. (Foto: U. Schanz)*

sehen Sie nicht rechtzeitig, dass er durchstarten wird. Unglücklicherweise wird in vielen Hundeschulen pauschal mit allen Jagdhunden auf gleiche Weise gearbeitet.

Zurück zu meinen Welpenkäufern. Alle wurden von ihren Trainern gut vorbereitet, auf Anzeichen für das Aufnehmen einer Fährte zu achten, und liefen neben dem Seil aufmerksam her. Cooper, ein Sohn meiner Hündin Tracy, schnüffelte auf dem Spaziergang am Waldrand stets fieberhaft umher. Die Besitzer waren, wie in der Hundeschule gelernt, ständig auf dem

*Ein Beagle hat fast immer die Nase am Boden – und startet ohne Vorwarnung durch. (Foto: U. Schanz)*

Sprung. Als er plötzlich ausbrach, gelang es ihnen tatsächlich, auf das letzte Ende des Seils zu springen. Aber das Seil rutschte unter den Rillen der Schuhsohlen hindurch. Möglicherweise klappt das Ausbremsen des Seils auf Asphalt, aber die meisten Spazierwege, auf denen man mit Beagles läuft, sind weich. Cooper verschwand auf der Stelle mit dem langen Seil im Wald, war nach ein paar Sekunden nicht mehr zu sehen. Hören konnten sie ihn

*Hunde mit großer Jagdleidenschaft müssen – zum eigenen Schutz – draußen immer an der langen Leine bleiben. (Foto: U. Schanz)*

noch, aber der Spurlaut (hoher, lockerer, anhaltender Bellton beim Verfolgen einer Fährte) wurde schnell leiser und war bald gar nicht mehr zu hören. Erst am nächsten Vormittag (!) wurde er gefunden. Das lange Seil hatte sich im Gestrüpp verfangen. Bei den anderen zwei Beagles lief es glimpflicher ab, weil sie sich „nur" im Maisfeld verheddert hatten. Alle drei Familien ließen von Stund an die Finger von dieser Übung.

Ich selbst probierte dieses Training vor etwa acht Jahren bei Tracy, allerdings nicht in Waldnähe, sondern in einem Park mit großen, freien Wiesenflächen. Es gelang auch mir nicht, das Seil mit den Schuhen zu stoppen. Ich nahm also das Seilende in die Hände, sodass ich Zugriff behielt, aber ein großer Teil des Seils auf dem Boden blieb. Ich versuchte, Tracy auf Richtungswechsel aufmerksam zu machen und mit Pfiff zu mir zu holen. Das klappte gut. Trotzdem blieb der Erfolg nach Entfernen des Seils und sechs Monaten Üben aus. Hatte Tracy eine Fährte, vergaß sie völlig, was der Pfiff bedeutete. Ich erkannte, dass es nichts mit Ungehorsam oder falsch verstandener Ausbildung zu tun hatte, sondern dass sie während dieser Phase einfach nicht in der Lage war, mir zu gehorchen. Die Spurkonzentration war vollständig. Sie ist durch und durch ein Jäger. Natürlich gibt es auch charakterlich andere Beagles, die weniger stark jagdlich ambitioniert sind. Da gelingen solche Übungen tatsächlich. Meine siebenjährige Becky kommt freudig auf Ruf, Tracy und Genesis nie, trotz gleicher intensiver Übungen.

Die zweite Übung gilt für dasselbe Kommando und wird mit Elektroschock ausgeführt. Obwohl das Tierschutzgesetz jeden Einsatz von Geräten verbietet, die durch direkte Stromeinwirkung Zwang auf Tiere ausüben, und obwohl es inzwischen Gerichtsurteile gibt, die besagen, dass auch ein Ausbilder mit Sachkenntnis diese Geräte nicht so einsetzen kann, dass einem Hund keine Schmerzen zugefügt werden, gibt es immer noch Hundeschulen, die mit Elektroschockgeräten arbeiten. Auch uns erklärte vor Jahren ein Ausbilder, dass Beagles nur durch Elektroschock das Kommando „Hierhin" akzeptieren lernen. Wir brachen die Ausbildung ab, als wir sahen, was sie bei den Hunden anrichtete, ohne dass die beiden die gewünschten Dinge lernten. Tracy überwand dieses Erlebnis gut, aber die sensiblere Sally brauchte einige Monate tierpsychologische Hilfe, verbunden mit liebevoller Ausbildung.

Heute ist mein Standpunkt: Stelle ich am Ende der Pubertät bei meinem Beagle trotz richtigem Training diese starke Jagdleidenschaft fest, bleibt er eben an der 8-Meter-Rollleine. Er kann nach rechts und links, nach vorne und hinten laufen, kann hier und da schnüffeln und auch auf andere, mir bekannte, verträgliche Hunde zulaufen. Stressfreie Spaziergänge liegen vor Beagle und Besitzer. Toben mit anderen Hunden ist darüber hinaus nur auf eingezäunten Flächen möglich. Übrigens wird ohnehin in den meisten Hundeschulen dafür trainiert, dass sich der frei laufende Hund nicht über 10 bis 20 Meter hinaus vom Besitzer entfernt, damit er durch größere Distanz nicht in Versuchung kommt, eigene Wege zu gehen. Da frage ich mich, was soll das? Das ist doch kein Freilaufen. Läuft meine Becky ohne Leine, sind es oft 100 oder 200 Meter, die sie munter temperamentvoll rennt, die Natur ringsherum voll in sich aufnimmt. Das wäre auf 10 Meter wohl kaum in der stürmischen Form möglich. Rufe ich oder mache eine bestimmte Armbewegung, dreht sie in demselben Tempo um und schießt wedelnd auf mich zu. Da macht das Freilaufen Sinn. Sie ist wahrhaftig ausgetobt und glücklich. Denken Sie bitte über diese Geschichten einmal nach, machen Sie sich Notizen und diskutieren Sie die mit Ihrem Trainer, damit Sie mit Ihrem Beagle keine falsche Wege gehen.

# Es ist so weit – der Abholtag und die erste Nacht

Holen Sie Ihren Welpen möglichst am Vormittag ab, damit er im neuen Zuhause vor dem Schlafengehen viel Zeit zum Erkunden seiner neuen Umgebung hat. Wo wohnt der Züchter? Sind es 50, 150 oder mehr Kilometer Autofahrt? Einem Menschen macht das kaum etwas aus, aber der Welpe fährt zum ersten Mal längere Zeit im Auto. Planen Sie bei einer längeren Rückfahrt Pausen ein und nehmen Sie bitte einen Napf und eine Flasche für Trinkwasser mit. Weiterhin empfehle ich, an diesem großen Tag mitzunehmen: einige wasserdichte Unterlagen, zum Beispiel Babybetteinlagen oder Patientenunterlagen aus der Humanmedizin (planen Sie das Wechseln ein), zwei kleine Polyesterdecken, eine Küchenrolle und ein feuchtes Tuch nebst einem Beutel, falls dem Welpen die Fahrt nicht so gut bekommt und er vor Aufregung erbrechen muss.

*Für den Welpen ist es der Abschied von seiner gewohnten Welt – für alle ein aufregender Neubeginn. (Foto: B. Kronz)*

Vom Züchter erhalten Sie die Papiere: Ahnentafel, Wurfabnahmebericht, Impfpass, den Kaufvertrag, den Futterplan für die nächsten Tage, Wochen und Monate und das wichtige „Schnuffeltuch", das nach des Welpen Hundefamilie riecht. Fahren Sie zu zweit, weil auf der Rückfahrt einer in Ruhe fahren und der andere sich um den Welpen kümmern kann. Legen Sie sich als Beifahrer die wasserdichte Unterlage, darauf das kleine Polyesterfell und das Schnuffeltuch auf den Schoß, worauf Sie den Kleinen betten. Auf dieser ersten und für ihn so wichtigen Reise gehört der Welpe auf keinen Fall in einen Käfig. Die Trennung von Mutter, Geschwistern

*Ganz allein in einer neuen Umgebung, das kann einen geborenen Entdecker nicht verunsichern. (Foto: Chr. Steimer)*

und gewohnter Umgebung setzt ihm zu und dann muss er nicht auch noch sofort von seinem neuen Rudel isoliert werden. Er muss Wärme und Zuneigung spüren. Zunächst wird er unruhig reagieren, sich später aber auf dem Schoß einrollen. Reden Sie mit leiser, ruhiger Stimme auf ihn ein, kraulen Sie ihn, bis er einschläft.

Falls er unterwegs fiept, halten Sie so bald als möglich an und gehen mit ihm angeleint auf eine Wiese, damit er sein Geschäft machen kann. Bei mir lernen die Welpen schon früh, dass der See und das Häufchen ausschließlich auf Naturboden gehören und nicht auf die Terrasse. Bringen Sie ihm das von Anfang an bei, haben Sie später einen Hund, der auch in Wohngebieten nicht auf Gehwege macht, sondern anhält, bis der erste Grasstreifen erreicht ist. Lassen Sie ihm bei der Lösepause Zeit. Er wird erst herumschnüffeln, alles ist neu und interessant. Geben Sie ihm zu trinken, bevor Sie weiterfahren. Fressen kann er später zu Hause.

Bei der Ankunft lassen Sie ihn am besten zunächst in den beaglesicheren Garten und nehmen das Halsband ab. „Angezogen“ wird der Hund nur zum Spaziergang. Behält er ständig sein Halsband um, wird das Fell geschädigt. Er kann sich jetzt im Garten frei bewegen, alles abschnüffeln und auf der Wiese lösen. Setzt er sich, um einen See zu machen, dann passen Sie gut auf, damit Sie den richtigen Zeitpunkt für das Lob erwischen. Ab heute haben Sie stets winzige Leckerchen in der Hosentasche, um richtiges Verhalten zu loben und zu belohnen. Dazu gehört auch der See im Garten. Loben müssen Sie genau in dem Moment, wenn der Welpe nach vollbrachter Tat aufsteht, und nicht erst dann, wenn er auf Sie zuläuft. Er würde das Lob in dem Fall mit dem Kommen verbinden, nicht mit dem See. Die Stimme heben Sie an und sprechen in normaler, freundlicher Lautstärke: „Fein, Becky!“ Beim Tadeln muss die Stimme dunkel und etwas lauter klingen. Das kleine Leckerchen bekommt er mit der lobenden Stimme gleichzeitig.

Glauben Sie nicht, Sie könnten ja morgen mit der Erziehung anfangen. Die Sauberkeitserziehung wie auch zwei, drei andere Anleitungen müssen Sie sofort, von der ersten Stunde an, mit Nachdruck verfolgen.

Spielen Sie ein bisschen mit dem Welpen. Ziehen Sie ein Seil hinter sich her oder bewegen Sie ein Quietschtier auf dem Boden und lassen Sie es ihn fangen. Veranstalten Sie noch kein Tauziehen mit ihm. Das Milchgebiss verträgt

*Tauziehen ist kein Spiel für Welpen mit Milchzähnen! Warten Sie damit, bis der Hund gut sieben Monate alt ist. (Foto: U. Schanz)*

das nicht. Es käme zu Zahnfehlstellungen. Anschließend gehen Sie mit ihm ins Haus. Jetzt soll er auch hier auf Patrouille gehen, alles erforschen und beschnüffeln. Sicher wird er bald ziemlich geschafft sein und sich freuen, wenn er seinen Käfig mit den Polyesterfellen und dem Schnuffeltuch entdeckt. Legt er sich dort hin und schläft ein, lassen Sie ihn in Ruhe. Er wird nicht gestreichelt! Sagen Sie das bitte auch Kindern. Ein Hund, der schläft, wird nicht gestört.

Wacht der junge Hund auf, dann setzen Sie ihn sofort wieder auf die Wiese, denn er muss und die Sauberkeitserziehung geht weiter. Hinterher will er sicher wieder spielen. Ein Beagle besitzt eine Menge Temperament, auch schon ein Welpe, und fordert seinen Besitzer. Also toben Sie mit ihm. Vielleicht haben Sie das Glück und können einen jungen Nachbarhund zu sich in den Garten holen, damit Ihr Hund sofort wieder Hundekontakt hat. Wie Hunde miteinander toben, ist einfach herrlich und nicht durch den Menschen zu ersetzen. Aber bitte sonst keine Besucher. Kämen mehrere fremde Hunde oder Menschen, wäre Ihr Kleiner total überfordert. Lassen Sie ihm die ersten Tage Zeit zum Eingewöhnen.

Durch neue, unbekannte Geräusche schreckt der Welpe möglicherweise anfangs zusammen. Das Schlimmste, was Sie dann tun können, ist, ihn zu trösten. Das gilt auch für die Folgezeit. Macht er mit Ihnen seinen ersten Stadtbummel, wird er sicher hier und da zusammenzucken. Ignorieren Sie das, sprechen Sie jetzt nicht mit ihm und benehmen Sie sich so wie immer. Er wird schnell merken: „Ich muss mir keine Sorgen machen, alles ist in Ordnung, Herrchen/Frauchen regt sich auch nicht auf.“ Fangen Sie aber an, ihn zu trösten, nehmen ihn womöglich auch noch auf den Arm, kommt große Unsicherheit bei ihm auf. Sie signalisieren ihm, dass die Situation besonderer Aufmerksamkeit bedarf und alles andere ist als normal. Sie fördern auf drastische Weise seine Unsicherheit und werden nach einigen Wochen einen ängstlichen Hund haben.

Knabbert er schon am ersten Tag am Tischbein, beginnt er, die Couch anzunagen, dann legen Sie ihm die Hand vor die Brust, schieben ihn zurück und sagen hart: „Nein.“ Geht er dennoch wieder daran, tadeln Sie noch einmal auf die gleiche Weise. Hilft auch das nichts, nehmen Sie ihn am Nackenfell hoch, es kommt nochmals ein sehr klares, hartes „Nein“ beim Hochnehmen. Nehmen Sie ihn auf den Arm und gehen an anderer Stelle mit ihm spielen, damit er abgelenkt ist. Beim Griff ins Nackenfell bitte nur hochnehmen und niemals schütteln (siehe Kapitel „Erziehung ...“, Abschnitt Strafen) Bei einem Welpen sollten Sie nicht fortwährend schimpfen, sondern eher einiges durch Ablenkung regeln.

Der Beagle ist durch und durch ein Meutehund. Deshalb wird der Welpe während der Nacht auch nicht allein gelassen. Denken Sie daran, er hat heute seine Hundefamilie verloren. Ich stelle den Käfig direkt vor mein Bett, damit er meinen Atem hört, wenn ich schlafe. Gegen 23 Uhr setze ich den Welpen noch einmal auf die Wiese. Er bekommt Lob und Leckerchen für sein erledigtes Geschäft und wird dann in den Käfig gelegt. Die Käfigtür wird fest geschlossen, weil er sonst nachts umherwandern und ich frühmorgens beim Aufstehen von einem See in den nächsten treten würde. Die Sauberkeitserziehung wäre dahin.

Nun kann es sein, dass er fiept. Bisher schlief er noch nie allein, sondern legte seinen Kopf

*Wo ein erwachsener Hund nur hinschaut, klettert ein Welpe hinein – seine Neugier ist grenzenlos! (Foto: B. Muckelbauer)*

immer eng an die Geschwister oder Mutter. Reden Sie noch kurz mit ihm, monoton und leise. Was Sie ihm erzählen, ist egal. Er versteht es ja nicht. Aber diese kleine „Gutenachtgeschichte" wirkt Wunder. In den ersten zwei bis drei Wochen kann es sein, dass er nachts noch rausmuss. Bei geschlossener Käfigtür wird er sich durch Fiepen melden. Er möchte seinen Schlafplatz nicht beschmutzen. Es bleibt Ihnen nicht viel Zeit, denn er muss sofort, meldet sich erst, wenn er es nicht mehr aushalten kann. Also ab nach draußen. Dabei ist alles eine Frage der guten Organisation. Viele meiner Welpenkäufer schliefen im Jogginganzug. Sind Sie zu langsam, kann es durchaus passieren, dass der Kleine schon fertig ist, während Sie gerade in die Hose schlüpfen. Kein Grund, um jetzt mit dem kleinen Hund zu schimpfen, denn er meldete sich ja rechtzeitig. Auch im Jogginganzug sind immer Leckerchen, denn Sie haben in diesem Moment einfach nicht die Zeit, erst irgendwo welche zu holen. Und wie schon gesagt, draußen gibt es sofort Lob und Leckerchen. Das kapiert ein verfressener Beagle schnell.

Der Käfig steht nicht unter einem offenen Fenster und ist keinem Durchzug ausgesetzt. Legen Sie keine Matratze aus dem Zoohandel hinein, die er sich nicht zurechtwühlen, dafür aber auseinander nehmen kann.

Vermeiden Sie vom ersten Tag an schmerzhafte Unfälle: das Zufallen einer Tür und die Rute ist dazwischen eingeklemmt, das Herabstürzen des Kleinen vom Schoß oder der Couch. In der Küche ist die Spülmaschine, neben dem Kühlschrank, der größte Anziehungspunkt. Die offene Klappe der Spülmaschine, vorne im Korb scharfe Messer und spitze Gabeln und dahinter die vom Beagle so begehrten Teller mit leckeren Resten. Ruck, zuck, um ja nichts zu verpassen, springt er auf die Klappe, um sich auf die Teller zu stürzen, und gerät mit dem Gesicht in Messer und Gabeln. Beagles sind echt suizidgefährdet, wenn es ums Fressen geht. Gerade im Welpenalter können sie fast alles gebrauchen. Lag da links nicht die Gartenschere? Irrtum, jetzt liegt sie 2 Meter weiter rechts und der Welpe kaut genüsslich auf den Kunststoffgriffen herum. Unbeaufsichtigte Zangen, Schraubendreher und Sägen sind für ihn ebenso interessant wie Beutel mit Kunstdünger, Schrauben, Nägel und Dübel. Er könnte sie leicht verschlucken und daran sterben. Gewöhnen Sie sich daran: ein Auge auf den Hund, ein Auge für die Arbeit.

Vom ersten Tag an stellen Sie einen Wassernapf für den Welpen immer in erreichbare Nähe. Wechseln Sie das Wasser zwei- bis dreimal am Tag, damit er frisches trinken kann. Füllen Sie nicht nur Wasser nach, sondern reinigen Sie den Napf jedes Mal vor der neuen Füllung mit einem Schwamm, damit der hineingelangte Speichel sich nicht ins frische Wasser überträgt. Der Futternapf wird nur zu den Mahlzeiten hingestellt. Auf dem Futterplan stehen die gewohnten Zeiten, aber der Welpe passt sich schnell Ihrem Tagesablauf an. Am ersten Tag kann es sein, dass er noch nicht alles frisst oder auch gar nicht mag. Dann lassen Sie ihn und stellen es nach 15 Minuten wieder weg, bis zur nächsten Mahlzeit. Sollte er aber auch am nächsten Morgen nicht fressen wollen, dann können Sie eine Messerspitze ungeräucherte Kalbsleberwurst mit dem Trockenfutter verkneten. Allerdings wird er sein Futter nicht anrühren, wenn Sie ihm zwischendurch zu viele Leckerchen und Hundekekse geben. Mischen Sie dem Trockenfutter köstlich gebratene Fleischhappen unter, wird er diese heraussuchen und das Trockenfutter ignorieren. Da er sich aber im Aufbau befindet, braucht er vor allem sein gut zusammengesetztes Welpenfutter.

In den ersten Tagen nach der Welpenabgabe bekam ich Anrufe, weil die Familien sich Sorgen um Parasiten bei ihrem Hund machten. Der Welpe kratzte sich häufig. Es gab aber keine Parasiten, sondern es war nur ein Zeichen von Unsicherheit. Das kommt nicht oft vor und ist nach spätestens vier Tagen Eingewöhnung vorbei. Nehmen Sie es daher gelassen!

# Das große und das kleine Geschäft

Innerhalb der ersten drei Wochen sollten Sie Ihren Welpen so weit haben, dass er seine Geschäfte nur noch draußen erledigt. Wichtig ist, dass Sie Ihren Hund in dieser Zeit ständig beobachten. Er darf nicht allein Zugang zu allen Räumen haben, sondern nur in Ihrer Begleitung. Durch diese Kontrolle haben Sie bald einen stubenreinen Beagle, der sich im Haus tummeln kann.

Er muss auf jeden Fall immer hinaus auf die Wiese, wenn er ausgeschlafen hat, nach dem Fressen und Toben. Beginnt er unruhig zu werden, schnüffelt hektisch auf dem Boden herum, dann sucht er sich gerade einen Platz für einen See oder ein Häufchen. Tragen Sie ihn nach draußen und bleiben Sie bei ihm. Lassen Sie ihn seinen Fleck, der ihm für sein Geschäft passend erscheint, suchen. Die Wahl des Ortes ist ihm sehr wichtig. Schränken Sie ihn nicht ein, indem Sie ihn auf eine einzige kleine Stelle oder ein Katzenklo festlegen wollen.

*Erwachse Hündinnen setzen sich und entleeren ihre Blase. Rüden verteilen kleine Urinmengen auf mehrere Stellen als Botschaften für andere Hunde. (Foto: U. Schanz)*

Ausscheidungen bedeuten für Hunde Mitteilungen an Artgenossen. Ein selbstbewusster Hund sucht sich den Platz für seine Geschäfte möglichst fern vom Haus in der Nähe des Zaunes, wo er vermutet, dass viele Hunde vorbeikommen. Er teilt ihnen über seine Duftmarke mit, dass hier sein Territorium ist.

Kommt es aber vor, dass Sie seinen Drang nicht rechtzeitig bemerkt haben und der See ist schon ein paar Minuten mitten im Wohnzimmer, schimpfen Sie nicht. Es ist bereits zu spät und der Welpe weiß nicht, warum Sie böse mit ihm sind. Er wird zwar an Ihrer Gemütsverfassung erkennen, dass Sie unzufrieden sind, duckt sich, lässt die Rute sinken, verknüpft es aber nicht mit seinem Geschäft. Tragen Sie ihn in ein anderes Zimmer und schließen Sie die Tür. Putzen Sie die verunreinigte Stelle nicht im Beisein des Welpen sauber, denn für ihn stellt es sich dann anders dar: „Oh, Frauchen interessiert sich sehr für meinen kleinen Teich, also muss ich hierhin machen.“ Und sagen Sie nicht: „Es passiert ja nur ein einziges Mal jeden Tag.“ Auch dann kommt er zu dem Schluss, dass er innerhalb der Wohnung ab und zu urinieren darf. Statt mit ein paar Tagen müssen Sie nun mit vielen Wochen rechnen, um ihn sauber zu bekommen.

Reagieren Sie anders, wenn Sie gerade sehen, dass er sich zum Geschäft im Wohnzimmer niederlässt. In dieser Situation greifen Sie sofort ein. Sie heben ihn hoch, unterbrechen damit sein Geschäft, was ihm äußerst unangenehm ist, sagen barsch „Nein“ und bringen ihn schnell nach draußen.

Es gibt Hundehalter, die wollen nicht, dass ihr Hund in den Garten macht. Machen Sie sich keine Sorgen. Es ist nur beim jungen Hund so. Ist er erst erwachsen und wird dreimal täglich ausgeführt, erledigt sich das von selbst ohne Erziehung. Er wird anhalten bis zu den Spaziergängen.

Beobachten Sie ihn genau, wenn er zur Tür läuft, die zum Garten führt. Ein gutes Zeichen! Er hat begriffen, dass er nicht in die Wohnung machen soll. Also öffnen Sie ihm die Tür, gehen mit ihm hinaus. Unter Umständen bellt oder fiept er aber nicht, sondern steht nur abwartend vor der Tür. Es wäre schade, wenn Sie das nicht bemerken würden.

In Hundebüchern aus früheren Zeiten finden Sie den Ratschlag: „Falls der Hund ins Zimmer macht, stupsen Sie seine Nase in das erledigte Geschäft.“ Es wundert mich, wie oft ich von Welpeninteressenten gerade danach gefragt werde. Alle Experten sind sich heute darüber einig, dass diese Maßnahme Tierquälerei ist und der Hund dabei absolut nichts lernt.

*Hunde lieben Knabberkost. Bieten Sie ihm den Spaß mit Kauknochen aus Büffelhaut oder ähnlich kalorienarmem Naturmaterial. (Foto: Chr. Steimer)*

Egal wie alt Ihr Hund ist, sehen Sie sich seinen Kot stets an. Bei nicht geformten, breiigen oder schleimigen Ausscheidungen ist dem Hund etwas nicht bekommen. Bei Durchfall sofort das Hundefutter absetzen. Mit frischem Karottensaft und geriebenem Apfel können Sie an zwei Tagen versuchen, den Durchfall zu stoppen. Zum Trinken eignet sich am besten schwarzer Tee mit sehr wenig Traubenzucker. Ab und zu lassen Sie ihn eine Salzstange knabbern. Gelingt diese Therapie nicht, suchen Sie am Ende des zweiten Tages den Tierarzt auf und nehmen eine Kotprobe mit. Handelt es sich um übel riechenden, dünnen Kot, müssen Sie sofort zum Tierarzt. Das gilt auch, wenn Ihr Hund Fieber oder Untertemperatur hat oder sich sein Verhalten verändert. Liegt er müde da? Will er nicht spielen? In diesem Fall versuchen Sie nichts ohne Arzt. Viren könnten im Spiel sein, die eine medizinische Behandlung unbedingt erforderlich machen. Können Sie den Durchfall stoppen, füttern Sie nicht sofort Hundefutter. Fangen Sie mit Haferflocken, eingeweicht in warmem Wasser, an. Am nächsten Tag gibt es eingeweichte Haferflocken und ungewürzte Hühnerbrühe. Verträgt der Hund das problemlos, mischen Sie täglich etwas mehr Hundefutter unter die Brühe.

Ist der Kot normal geformt, weist aber eine rote oder schwarze Färbung (Blut im Stuhl) auf, so könnte das auf eine Vergiftung hinweisen. Meist erbricht der Hund zusätzlich oder speichelt stark. Schnelle medizinische Hilfe ist unbedingt erforderlich!

Setzt der Hund keinen Kot ab, trotzdem er sich bemüht, und der Bauch ist angespannt, liegt eine Verstopfung vor. Haben Sie etwa Knochen gefüttert? Dass ein Hund Knochen braucht, gehört auch zu veralteten Ansichten. Knochen können auch den Darm schwer verletzten. Hat ein Hund eine Verstopfung, benimmt sich ansonsten jedoch völlig normal, geben Sie ihm zwei Esslöffel Dosenmilch verrührt mit einem Teelöffel Zucker und zwei Esslöffel Pflanzenöl. Wirkt dies nicht innerhalb der nächsten fünf Stunden, muss der Tierarzt für Heilung sorgen. Warten Sie bei Verstopfung nie lange, da giftige Darmgase sonst ins Blut übergehen. Ein Kreislaufkollaps wäre die Folge.

### Unsicherheit

In den ersten Wochen ist es bei einigen Welpen so, dass sie sich nicht trauen, außerhalb des Grundstücks ihr Geschäft zu erledigen. Sie sind noch zu unsicher, möchten Artgenossen keinen Hinweis auf sich geben. Setzen Sie Ihren Welpen nicht unter Druck, indem Sie nun immer länger mit ihm spazieren gehen. Das nötige Selbstbewusstsein gewinnt er im Laufe der Zeit.

### Kotfressen

Bei Labrador und Beagle ist das Kotfressen leider ein weit verbreitetes Problem. Sie sind aber nicht krank. Fragen Sie sich jetzt nicht, was dem Hund in seinem Futter fehlt. Das ist es nicht! Er ist einfach nur gierig und instinkttreu. Solange Ihr Hund sein Geschäft noch im Garten erledigt, räumen Sie es sofort weg, damit er es nicht frisst.

### Protestpinkeln

Die Sauberkeitserziehung ist geschafft. Das Thema scheint erledigt. Plötzlich setzt der Hund sich mitten ins Zimmer, wo ihn auch alle sehen können, und uriniert. Hier handelt es sich um Protest, denn er hat die Stubenreinheit nicht von heute auf morgen verlernt. Mit irgendetwas wird er nicht fertig. Klären Sie zunächst mit dem Arzt, ob eine Krankheit ausgeschlossen werden kann. Versuchen Sie dann, dem Problem auf die Spur zu kommen.

Es gibt viele Beispiele. In einer Familie war es das Baby, Herrchen und Frauchen kümmerten sich plötzlich vorrangig um das Neugeborene. Oder wird der Hund mit dem Umzug ins neue Haus nicht fertig? Werden ihm plötzlich Dinge verboten, die er früher durfte? Liegen Angstneurosen oder Reizüberflutungen vor? Als Erstes muss das Problem erkannt werden. Schaffen Sie es nicht allein, wenden Sie sich an einen Tierpsychologen. Es gehört auch eine große Portion Selbstehrlichkeit dazu, den Dingen auf den Grund zu gehen.

### Was sagen Ausdünstungen Ihrem Hund?

Gerüche sind das wichtigste Erlebnis im Hundeleben. Begegnen sich Hunde unterwegs, schnuppern sie den Analbereich des Gegenübers gründlich ab. Genauso untersuchen sie jedes Häufchen und die Seen auf Spaziergängen. Daraus erfährt der Hund alles über den Artgenossen. Es ist seine Zeitung schlechthin. Lassen Sie sich deshalb Zeit auf Spaziergängen und ihn die Zeitung lesen.

### Markieren

Dominante Rüden markieren drinnen und draußen. Draußen kann es Ihnen ja wurst sein, aber besuchen Sie Bekannte, die Hunde besitzen, so ist es möglich, dass Ihr Macho einige Stellen im Wohnzimmer mit Urintropfen versieht, um zu signalisieren, dass er sich für überlegen hält. Rufen Sie ihn mit hartem „Nein“ zur Ordnung. Bei Hündinnen sah ich das Markieren immer nur draußen vor und während der Läufigkeit.

# Lernen fürs Leben – dem Hund ein wahres Bedürfnis

In einem Wildrudel übergibt die Mutter den Welpen mit etwa acht Wochen dem Vater, der von jetzt an für die Erziehung sorgt, ihn aufs Leben vorbereitet und ihm dadurch Sicherheit und Geborgenheit vermittelt. Ab diesem Zeitpunkt ist der Welpe für alles offen und das Gehirn setzt immer wieder neue Kapazitäten frei, um das Gelernte dauerhaft zu speichern. Diesen Lehrprozess muss, in Ermangelung des Hundevaters, der Mensch übernehmen. Wird dem Welpen aber gar nichts vermittelt, darf er nicht lernen, bleibt er nicht nur dumm, sondern er langweilt sich, ist frustriert und wird unsicher. Er bekommt seelische Probleme, wird möglicherweise ängstlich oder/und zerstört die Wohnungseinrichtung. Er versteht die Welt nicht mehr. Lernen fürs Leben ist für den Hund selbst äußerst wichtig! Darum sagen Sie nie: „Er ist ja noch ein Baby", sondern beginnen Sie am ersten Tag mit der Erziehung und bringen Sie Ihrem Hund schon im ersten Lebensjahr so viel wie möglich bei.

*Welpen wie Kinder können sich nicht sehr lange konzentrieren. Das „Sitz"-Training beschränkt sich darum hier auf Intervalle von etwa drei bis fünf Minuten. (Foto: B. Muckelbauer)*

Früher hieß es: „Lass den kleinen Hund erst einmal tüchtig seine Kindheit genießen, jetzt muss er noch nichts lernen." Das Wort „muss" in diesem Satz habe ich oft von schlecht informierten Menschen gehört. Ich antwortete immer: „Er sollte gerade jetzt lernen dürfen." Inzwischen haben Verhaltensforscher oft genug darauf aufmerksam gemacht, dass ein Hund im ersten Lebensjahr 15 Menschenjahre durchmacht und es fatal wäre, diese Monate ungenutzt verstreichen zu lassen. Der Hund vermisst das Lernen so sehr, dass er zu seiner inkonsequenten Familie das Vertrauen verliert. Er vermisst die Rudelführung und wird mit großer Wahrscheinlichkeit zum Problemhund.

Bieten Sie ihm aber gutes Training, klare Grenzen, Spiele, interessante Spaziergänge an und sind ihm dadurch ein vertrauenswürdiger Führer, dem er Respekt entgegenbringen kann, wird eine wunderbare Beziehung entstehen.

# Konsequenz – Grundlage erfolgreicher Beagleerziehung

Mit inkonsequenten Hundeführern kommt der Beagle nicht zurecht. Er würde nicht über den notwendigen Halt im „Rudel“ verfügen. Machen Sie ihm klar, wer das Sagen hat. Führen Sie ihn! Führungsschwächen erkennt ein Beagle sofort und nutzt sie dreist aus. Aber es breitet sich auch das Gefühl in ihm aus: „Mein Rudel ist führungslos. Kommt jetzt eine Gefahr auf uns zu, ist niemand da, auf den ich mich verlassen kann.“ Das sagen ihm seine Urinstinkte. Dadurch verliert er innerlich den Halt, fühlt sich schutzlos und versucht, selbst die Führungsrolle zu übernehmen. Seine Besitzer reagieren darauf mit Grobheiten oder richten sich total nach seinen Wünschen. Beides wäre grundfalsch! Es würde einen seelisch kranken Beagle hervorbringen.

Aber wie setzen Sie Konsequenz um? Hier einige Beispiele:

Alles geht von Ihnen aus, nicht vom Hund! Läuft der Kleine gerade mit einem Spielzeug im Fang auf Sie zu, ignorieren Sie es einen kurzen Augenblick. Dreht er sich weg von Ihnen und lässt das Spielzeug liegen, nehmen Sie es und bewegen es auf dem Boden hin und her. Legt er das Spielzeug nicht ab, nehmen Sie ein anderes interessantes Teil und ermuntern ihn zum Spiel. Sie fordern zum Spiel auf! Sie beginnen jedes Training und Spiel und bestimmen immer, wann was gemacht oder beendet wird.

Das Schlappohr liegt bequem und laut schnarchend in Ihrem geliebten Fernsehsessel. Setzen Sie sich nicht woanders hin, sondern weisen Sie ihn aus dem Chefsessel. Stupsen Sie ihn an und sagen: „Becky, runter.“ In diesem Fall dürfen Sie ihn auch im Schlaf stören, denn es ist nicht sein Schlafplatz. Es gibt für ihn bestimmt genug andere lauschige Plätze in Ihrer Nähe. Laufen Sie niemals hinter Ihrem Vierbeiner her! Sie büßen sofort Respekt ein. Ich sehe das bei meinen Hündinnen. Tracy, der Rudelchefin, käme es nie in den kleinen Kopf, einer ihrer Töchter hinterherzurennen. Wenn Fangen gespielt wird, läuft sie an der Spitze. Klaut der Junghund Ihnen die Brieftasche vom Tisch und rennt damit weg, halten Sie sich zurück, auch wenn es schwer fällt. Stellen Sie Ihre Autorität nie infrage. Lenken Sie ihn ab. Nehmen Sie zum Beispiel eine Papiertüte, setzen sich damit auf die Erde und knistern. Ihre Stimme soll ausdrücken, dass Sie da etwas absolut Tolles haben. Der Hund wird die Brieftasche fallen lassen und neugierig herankommen. Spielen Sie einen Augenblick mit ihm und er vergisst seine Beute.

*Konsequenz fällt manchen Familienmitgliedern schwer. Aber wenn die Familie einen gut erzogenen Hund haben möchte, müssen alle (!) die gleichen Regeln einhalten.*

Wutausbrüche, lautes Geschrei oder sogar Schläge unterlassen Sie auf jeden Fall. Ein Hund wie auch ein Kind kann solch unkontrolliertes Verhalten nicht verstehen. Es erschreckt den Hund, aber er lernt dabei nichts.

Sie sitzen mit Ihrer Familie beim Essen. Der Beagle hockt neben dem Tisch, schaut einen nach dem andern an. Seine Augen sind weit aufgerissen und es bildet sich ein kleiner See unterhalb der Schnauze. Das Wasser läuft ihm buchstäblich im Maul zusammen. Ein Bild des Jammers! Und was passiert? Etwas von dem leckeren Essen fällt hier und da zufällig zu Boden. Der Hund wird so aufs Betteln trainiert und gleichzeitig rückt er in seinem Verständnis im „Familienrudel“ nach oben.

Wenn Sie „Nein“ gesagt haben, ist das kein Diskussionsthema zwischen Ihnen und Ihrem Hund. Es bedeutet nicht: „Würdest du das bitte lassen!“ Das hat nichts mit Strafdressur zu tun. Antiautoritäre Erziehung schadet ihm und er wird später versuchen, auch bei anderen Menschen seine Vorstellungen durchzusetzen.

# Erziehung – so wie der Beagle sie braucht

Jedem meiner Welpenkäufer rate ich zur Teilnahme an einer Welpen- und Junghundgruppe mit dem Beagle, denn ich halte das Erlernen der Erziehung für dringend erforderlich. Durch Bücher ist es zwar möglich, eine Vorstellung von Erziehungsübungen zu bekommen, aber das theoretische Wissen ersetzt nicht die praktische Erfahrung unter fachkundiger Anleitung. Die Trainer weisen Sie unmittelbar auf Fehler hin und zeigen Ihnen den richtigen Weg.

Der Beagle wurde über 500 Jahre hauptsächlich gezüchtet, um spurlaut Hasenfährten nachzugehen. Das Jagen innerhalb der Meute verlangte von ihm selbstständige Entscheidungen. Die Meute „sprach" sich ab, wie das Wild gefunden und aus den Beständen gebracht werden konnte. Dazu brauchte sie keine menschlichen Befehle. Dieses selbstständige Verhalten haben wir noch heute beim Beagle. Er trifft trotz guter Erziehung oft seine eigenen Entscheidungen. Ein

Beagle wird sich also niemals so sicher unterordnen wie zum Beispiel ein Schäferhund. Er ist aufgrund der Zucht eben ein anderer Typ Hund. Wenn Sie erwarten, dass das Erlernte für alle Zeiten auf Anhieb klappt, dann holen Sie sich keinen Beagle in die Familie. Rufe ich zum Beispiel einen meiner Beagles aus der Küche heraus, so kommt er nicht wie ein geölter Blitz, sondern in Zeitlupe, aber er kommt. Der Beagle hat aber andere Qualitäten, die ihn für mich und viele andere Beagler auf dieser Welt so liebenswert machen. Er ist ein Hund mit ausgeprägtem Charakter und oft zu Späßen aufgelegt.

Betrachten Sie Hundeerziehung, die Unterordnung, nie wie Sklaverei. Lernen Sie zu denken wie ein Hund. Es steht ihm zu, nicht vermenschlicht zu werden! Manche Welpenkäufer sagen mir: „Wir lieben ihn wie ein Kind!" Das ist in Ordnung, solange sie ihn nicht wie ein Kind behandeln, sondern auf seine Bedürfnisse als Hund eingehen. Bei der Unterordnung knechten Sie ihn nicht, sondern erfüllen damit seine Erwartungen. In einem Artgenossenrudel gibt es keine Gleichberechtigung. Jeder hat dort seinen festen Platz und lebt nach eisernen Regeln, damit der Fortbestand des Rudels gesichert bleibt. Diese

*Jeder Hund legt sich gerne heimlich auf den Platz des Chefs, wenn der nicht da ist. (Foto: Chr. Steimer)*

Harmonie können Sie Ihrem Beagle auch bieten. Wenn Sie ihn gern haben, dann teilen Sie sein Rudelverständnis. Die Tonalität Ihrer Sprache ist ein wichtiges Element der Hundeerziehung. Reden Sie nicht im Kasernenhofton mit ihrem Beagle. Besser ein leises, prägnant akzentuiertes Kommando als lautstarkes Wortgepolter. Achten Sie immer darauf, dass alle Familienmitglieder stets gleiche Kommandos geben. Die Erziehung darf nur in der Hand eines erwachsenen Familienmitgliedes liegen. Beherrscht der Hund ein Kommando sicher, kann auch ein anderes Familienmitglied dieses genauso übernehmen.

Der Hund achtet vor allem auf Ihre Körpersprache. Bringen Sie ihm deshalb die richtigen Hör- und Handzeichen bei. Mit unserer Körpersprache vermitteln wir Menschen den Hunden schnell etwas Falsches. Wenn Sie sich zum Beispiel hastig über einen fremden Hund beugen, um ihn zu streicheln und ihm dabei auch noch in die Augen sehen, wollen Sie ihm damit eigentlich etwas Gutes tun, drücken aber, vom Hund aus gesehen, einen Angriff aus. Schnappt er tatsächlich zu, reagiert er wie ein normaler Hund, wird aber als aggressiv abgestempelt. Ein Beagle verzeiht solche menschlichen Fehler, da ihm ein sehr gutmütiges Wesen zu eigen ist. Aber achten Sie trotzdem auf Ihre Körpersprache, damit er Sie besser versteht. Trainieren Sie nicht nur an einem bestimmten Platz, sonst verbindet der Beagle den Gehorsam nur mit diesem Ort. Wechseln Sie ab zwischen Garten, verschiedenen Zimmern und Feldwegen.

Bei allen Kommandos, die Sie üben, ist Blickkontakt zwischen Ihnen und Ihrem Beagle wichtig. Ist er unaufmerksam, wird er nichts lernen. Machen Sie sich am Anfang jeder Übung interessant für den Hund, damit er Sie ansieht. Erst dann geht es los. Überlegen Sie unbedingt vor jeder Übung genau, wie Sie diese angehen werden und wie Sie reagieren wollen, wenn es nicht so klappt. Reden Sie kurz und verständlich mit Ihrem Hund, nie lange salbungsvolle Sätze. Damit überfordern Sie ihn. Wichtig ist, dass Sie jeden Tag trainieren. 15 bis 30 Minuten zweimal täglich reichen aus. Diese Zeiten wird er bald sehr lieben, denn es bedeutet für ihn Zusammenarbeit und Bindung aufbauen. Endet eine Übung negativ, müssen Sie noch eine machen, die der Hund auf jeden Fall beherrscht. Jede Trainingseinheit muss positiv enden!

## Strafen

So wenig wie möglich! Unerwünschtes Verhalten können Sie bisweilen auch umlenken, ohne zu strafen. Sehe ich, dass ein Welpe auf den Schubladengriff zusteuert, um ihn gleich anzufressen, lenke ich ihn mit einem Spiel ab. Läuft die Erziehung hundgerecht und regelmäßig ab, reicht Tadel durch ein überzeugendes „Nein" voll aus, manchmal auch ein einfaches Beiseiteschieben.

Das Im-Genick-Schütteln wird leider noch in einigen Büchern empfohlen. Diese Autoren haben meiner Meinung nach noch nie eine Mutterhündin mit ihren Welpen beobachtet. Schütteln wenden Hunde beim Töten der Beute an und gefährden damit nicht ihre Nachzucht.

Der Schnauzgriff (mit der Hand von oben fest über den Fang greifen, wobei Daumen und Mittelfinger die Lefzen gegen die Zähne drücken) verbunden mit energischem „Nein" ist für Hunde gut verständlich. Knurrt ein Welpe oder Junghund mich an, benutze ich diesen Griff. Diese Respektlosigkeit lasse ich mir auf keinen Fall bieten.

Knurrt mein erwachsener Hund mich an, ist es als äußerste Dreistigkeit zu bewerten. Dann greife ich energischer durch. Im selben Moment des

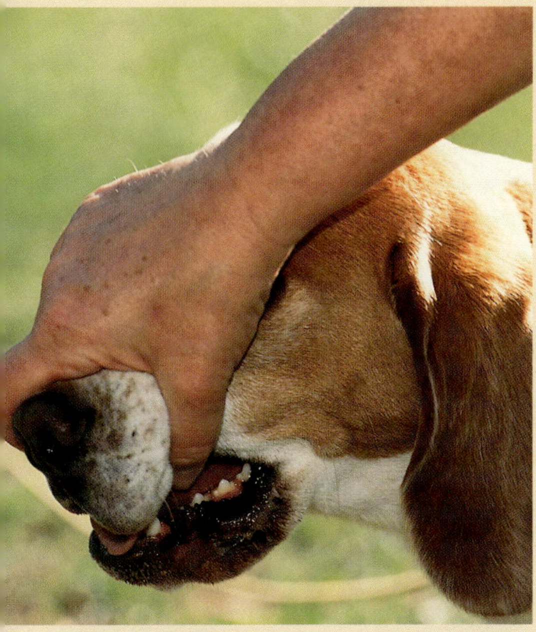

*Der Schnauzengriff ist von Hundemüttern abgeschaut. Er bremst jeden aufmüpfigen Welpen. (Foto: U. Schanz)*

Knurrens packe ich rechts und links ganz fest ins Halsfell und ziehe den Hund nah an mich heran. Die Hinterläufe bleiben auf dem Boden, die Vorderläufe ragen in die Luft. Ich rede in dunklem, leisem, unfreundlichem Ton mit ihm und starre in seine Augen. Versucht der Beagle, den Augenkontakt zu unterbrechen, zwinge ich ihn dazu, mir weiter in die Augen zu sehen. Er muss erkennen, dass er entschieden zu weit gegangen ist und ich dieses Verhalten auf gar keinen Fall dulde. Lässt er die Vorderpfoten hängen, erkenne ich, dass er aufgibt, lasse ihn sofort los und gehe von ihm weg. Nach zwei Minuten fordere ich ihn zum Spiel auf. Unversöhnlichkeit gibt es im Verständnis des Beagles nicht. Solange er mit den Vorderpfoten versucht, an meine Arme zu kommen, um den Halsgriff loszuwerden, bleibe ich mit ihm in der Drohstellung. Dieses arge Zurechtweisen wenden Sie aber wirklich nur beim erwachsenen Beagle und nur bei außergewöhnlich grobem Ungehorsam an. Haben Sie Angst, Ihren knurrenden Hund anzufassen, schaffen Sie sich besser keinen an.

## Schnappen, „Nein" und „Aus"

Der Kleine sieht das Kissen am Couchrand liegen, rennt hin und zieht es herunter. Sie sagen sofort in diesem Augenblick ein hartes „Nein". Doch er ist plötzlich völlig taub und will die Beute wegschleppen. Mit der einen Hand packen Sie schnell nach dem Kissen und greifen mit der anderen Hand von oben fest über den Fang mit dem Befehl „Aus". Lässt der Kleine aus, wird er gelobt. Jetzt spielen Sie mit ihm, bevor er auf den Gedanken kommt, sich wieder das Kissen zu holen. Lässt er aber beim ersten „Aus" nicht los, müssen Sie fester zupacken, bis er loslässt. Er muss es jetzt sofort lernen und nicht irgendwann.

Ihr Welpe lernte in den letzten drei Wochen bei seinen Geschwistern, sich mit den Zähnen durchzusetzen. Dabei lernte er aber auch, wie weit er gehen kann, die Beißhemmung wurde geübt. Beim Menschen weiß er noch nicht so genau, wie weit er gehen kann. Menschliche Haut ist empfindlicher als dickes Fell. Das muss der Welpe erst noch lernen. Will er bei Ihnen irgendetwas durchsetzen, wird er seine Zähne einsetzen. Wohlgemerkt: Er beißt Sie nicht, sondern schnappt nach Ihnen, wie er es bei den Geschwistern tat. Das hat nichts mit Aggressivität zu tun. Schrecken Sie in diesem Fall nie vor dem Kleinen zurück. Schnappt der Welpe in Ihre Hand, wenden Sie den Schnauzgriff an. Bei einigen Welpen hatte ich Erfolg, wenn ich mit der Hand, in die sie gerade schnappten, den Unterkiefer einfach ein paar Sekunden festhielt. Das war ihnen so unangenehm, dass sie es kein zweites Mal probierten.

Erklären Sie bitte Kindern, dass sie nicht vor dem Welpen oder Junghund herrennen sollen. Für den Hund ist es geradezu eine Aufforderung, das Kind in die Hacken zu schnappen, ein Beutespiel eben. Lassen Sie kleine Kinder nicht mit jungen Hunden allein. Leiten Sie Ihr Kind an, wie es sich dem Hund gegenüber verhalten muss. Kinder sind in ihrer naiven Art ungewollt oft rücksichtslos und grob. Der Hund schnappt dann, um das Kind zurechtzuweisen. Gibt das Kind nicht auf, wird er fester zuschnappen, um es erneut zur Ordnung zu rufen. Das hat nichts mit Beißwut zu tun! Er will nicht verletzen, nur ermahnen. Sagen Sie dem Kind auch, dass es auf keinen Fall Erziehungsübungen mit dem kleinen Beagle machen darf. Das funktioniert nicht, weil das Kind für den Hund allerhöchstens Spielpartner und noch beschützenswert ist.

Bis zum fünften Monat muss das Thema Schnappen endgültig abgeschlossen sein. Sonst nimmt Ihr Hund Sie offensichtlich nicht ernst. Fehler zu korrigieren kostet immer mehr Zeit, als alles von Anfang an richtig anzugehen.

*Wenn Sie den erhobenen Zeigefinger als „Sitz"-Kommando wählen, dürfen Sie die gleiche Geste nicht nutzen, um Ihren Hund aufmerksam zu machen. (Foto: U. Schanz)*

*Verbinden Sie jedes Kommando mit einem Handzeichen, das der Hund auch auf größere Entfernung erkennen kann. (Foto: U. Schanz)*

## „Sitz“

Viele Male am Tag setzt der Hund sich von ganz allein hin. Beobachten Sie ihn und sagen genau in diesem Moment: „Becky, sitz.“ Dabei verwenden Sie das Körpersignal: erhobener Zeigefinger der rechten Hand. Der Beagle sitzt, wird gelobt und belohnt. Achten Sie darauf, dass er den Befehl nicht von sich aus wieder aufhebt. Sagen Sie ihm: „Jetzt lauf.“ Erst dann darf er aufstehen. Ein Welpe bleibt zunächst nur ganz kurz sitzen, deshalb lösen Sie diesen Befehl rasch wieder auf. Steht er aber doch von allein auf, bringen Sie ihn sofort wieder ins „Sitz“ und lösen den Befehl zügig auf.

## „Platz“

Beherrscht der Welpe das „Sitz“ völlig fehlerlos, geht es zur nächsten Übung, dem „Platz“. Sie bringen den Welpen ins „Sitz“, gehen seitlich von ihm in die Hocke, legen ihm die linke Handfläche auf den Po und halten ihn im „Sitz“. Mit der rechten Hand halten Sie ihm ein winziges Stück Käse vor die Nase, aber so weit weg, dass er es nicht frisst. Bewegen Sie das Leckerchen in Richtung Boden. Der Beagle wird mit der Nase interessiert folgen. Auf dem Boden ziehen Sie es ein wenig von ihm weg. Er wird nun versuchen aufzustehen, aber das gelingt ihm nicht, da Sie ihn festhalten. Das fabelhafte Leckerchen kann er nur bekommen, indem er sich lang hinlegt. Währenddessen sagen Sie „Becky, Platz“. Befindet er sich im „Platz“, bekommt er sofort Ihre überschäumende Freude zu hören und das leckere Käsestückchen. Wiederholen Sie diese Übung mehrmals täglich. Nach einer Woche versteht der Hund das Kommando „Platz“ schon genau und Sie nehmen jetzt das Handzeichen dazu. Der Hund befindet sich vor Ihnen im „Sitz“. Sie sagen „Becky, Platz“ und bewegen dabei die waagerecht ausgestreckte rechte Handfläche nach unten. Legt der Hund sich auf Kommando und Handzeichen hin, gibt es Lob und Leckerchen. Versteht er es nicht, wiederholen Sie diese Übung wie vorher mit der linken Hand auf dem Po, aber schon mit Handzeichen. Macht er es richtig, folgt keine sofortige Wiederholung, da er sonst glaubt, er habe es falsch gemacht. Das Training endete positiv und dabei belassen Sie es. Die Zeitdauer wird in den nächsten Monaten verlängert.

## Leinenführigkeit

Wer geht mit wem spazieren? Leinenführig ist ein Hund, der nicht in die Leine zieht. Der Hund läuft also an lockerer Leine mit Ihnen mit, ohne zu zerren. Das wird oft mit der Übung „Fuß“ verwechselt.

Der Beagle bekommt ein Suchgeschirr umgelegt, weil diese Übung mit Leinenruck verbunden ist. Am Geschirr befestigen Sie eine 5 Meter lange Leine. Gehen Sie auf eine große Wiese und lassen Sie ihn schnüffeln. Ohne etwas zu sagen, gehen Sie in eine Richtung und lassen die Leine locker. Wenn Sie stramm durchgehen, bekommt der Beagle einen Leinenruck, weil er nicht auf Sie geachtet hat. Er wird völlig verdutzt folgen, aber kurz darauf wieder versonnen schnüffeln. Sie bleiben kurz stehen und wechseln die Richtung, laufen wieder zügig los. Ignorieren Sie auf jeden Fall Ihren Hund dabei. Nach 30 bis 50 Metern halten Sie kurz an und nehmen sich auf die gleiche Art eine neue Richtung vor. Nach einigen Richtungswechseln wird auch der unachtsamste Beagle den Kontakt zu Ihnen suchen. Der heftige Ruck ist ihm unangenehm und er weiß es nicht zu deuten, wieso Sie ihn ignorieren. Er wird sie nun aufmerksam beobachten und folgen. Ist er an diesem Punkt, sehen Sie ihn an und loben ihn.

Eine gute hundegerechte Alternative bietet das so genannte Halti. Es handelt sich dabei um ein Kopfhalfter, das Sie bitte nicht mit einem Maulkorb verwechseln wollen. Dieses Erziehungsinstrument muss korrekt angewandt werden. Dafür brauchen Sie unbedingt einen kompetenten Trainer. Versuchen Sie es nicht allein!

*Bei „Fuß“ muss der Hund an Ihrer linken Seite kleben. Im Garten können Sie es auch ohne Leine trainieren, draußen, unter Ablenkung, muss der Hund an die Leine. (Foto: U. Schanz)*

## „Fuß“

Ist die Leinenführigkeit gut, kann die Übung „Fuß“ folgen. Locken Sie den Beagle an Ihre linke Seite. Befindet er sich auf gleicher Höhe mit Ihrem Bein, klopfen Sie mit der rechten Hand an

Ihren linken Oberschenkel und sagen: „Becky, Fuß.“ Geht er ein paar Schritte direkt neben Ihnen, loben Sie: „Becky, fein Fuß“, und geben ein Leckerchen. Reden Sie die ganze Zeit, die er neben Ihnen läuft, freudig mit ihm. Will er vorlaufen oder zurückbleiben, klopfen Sie auf den Oberschenkel und locken ihn wieder zu sich heran. Jeden Tag wird es nur für ein paar Schritte geübt, bis es zuverlässig klappt; dann wird die Strecke verlängert und es werden Wendungen nach rechts und links mit eingebaut. Ist dieses Training erfolgreich, bringen Sie ihm bei, sich hinzusetzen, wenn Sie stehen bleiben. Perfekt ist diese Übung, wenn der Hund auf das Kommando „Fuß“ direkt an Ihre linke Seite wechselt, auf gleicher Höhe bleibt, jeden Richtungswechsel in dieser Position mitmacht und sich hinsetzt, wenn Sie anhalten.

Fußlaufen bedeutet für den Hund hohe Konzentration. Hunde können über längere Zeit eine bequeme Geschwindigkeit von etwa 11 Stundenkilometer halten. Unsere eigene Gangart liegt zwischen 2 und 5 Stundenkilometer, Athleten bringen es auf 9 Stundenkilometer. Der Hund muss beim Fußlaufen extreme Zeitlupe einhalten. Wenden Sie deshalb dieses Kommando so selten wie möglich an.

## „Bleib“

Mit diesem Kommando warten Sie, bis der Hund die zuvor genannten Kommandos gelernt hat, aufmerksam ist und gerne trainiert. Bei einem zu jungen, unerfahrenen Hund klappt das noch nicht.

Sie bringen Ihren Hund ins „Platz“, halten ihm dann die flache rechte Handfläche (Finger nach oben) senkrecht vor die Nase, sagen: „Becky, bleib“, gehen einen Schritt rückwärts und zählen bis zehn. Am nächsten Tag zählen Sie bis 15, am übernächsten bis 20, jeden Tag ein paar Einheiten mehr, falls die Übung klappt. Steht der Hund aber auf, sagen Sie „Nein“ und bringen ihn sofort wieder ins „Platz und Bleib“. Auf ein Neues!

## „Hierhin“

Die Übung des zuverlässigen Zurückkommens auf Kommando ist beim Beagle nicht immer von Erfolg gekrönt, auch bei gutem Training nicht. Es könnte aber sein, dass Sie einen Beagle erwischt haben, der nicht durch und durch Jäger ist, bei dem die Übung „Hierhin“ sinnvoll ist. Also nutzen Sie die Zeit, um nichts zu verpassen, und geben Sie nicht zu früh auf.

Jeder Welpe, auch der Beaglewelpe, wird Ihnen in den ersten Wochen folgen. Der Nachfolgeinstinkt ist vorhanden und verhindert, dass er seiner Mutter verloren geht. Diesen Trieb machen Sie sich zunutze. Gehen Sie mit ihm immer wieder auf anderen, für ihn unbekannten Wegen spazieren. Das unterstützt seine Unsicherheit und er wird eher versuchen, Sie nicht zu verlieren. Würden Sie jeden Tag vom Grundstück aus denselben Weg nehmen, hätte er bald die Sicherheit, auf jeden Fall auch ohne Sie nach Hause zu finden, und würde dauernd größere Kreise allein ziehen. Er bekommt beim Freilaufen ein Halsband mit Adresshülse/Telefonnummer um, für den Fall aller Fälle, und dann geht's los. Unterwegs rennen Sie mal mit dem Welpen, mal werfen Sie ein Leckerchen, nach dem er suchen kann. Einen Teil des Weges gehen Sie einfach nur spazieren und überlassen ihn sich selbst. Er soll lernen, auf Sie zu achten. Schnüffelt er versonnen an einem Fleck herum und achtet nicht auf Sie, verschwinden

*Rufen Sie Ihren Hund nicht, wenn er gerade im Spiel versunken ist. Die Chance ist groß, dass er nicht reagiert. (Foto: U. Schanz)*

Sie hinter einem Baum, Strauch oder einem Stapel gefällter Bäume. Es dauert nicht lange und der Welpe bemerkt, dass er allein ist, läuft aufgeregt fiepend herum und versucht, Sie zu finden. In diesem Alter kann er noch nicht sicher Ihre Spur zurückverfolgen, deshalb achten Sie darauf, dass er nicht zu lange einfach geradeaus in eine völlig andere Richtung läuft. Treten Sie ein kleines bisschen aus dem Versteck hervor, sodass er Sie sehen kann, und klatschen in die Hände, um ihn aufmerksam zu machen. Die Begeisterung über das Wiedersehen, die dann bei ihm ausbricht, ist jedes Mal wieder schön. Kommt er wedelnd auf Sie zugerast, rufen Sie: „Becky, hierhin." Dieses Erlebnis des Verlassenwerdens brauchen Beagles unbedingt in frühem Alter, um zu lernen, auf die Besitzer zu achten und in der Nähe zu bleiben. Durch besondere Gourmethappen unterstützen Sie das Herankommen.

Läuft der Welpe oder Junghund auf dem Weg vor und zurück und Sie sehen gerade, dass er auf Sie zuläuft, rufen Sie sofort: „Becky, hierhin", und belohnen entsprechend. Aber Sie müssen sicher sein, dass er wirklich auf Sie zuläuft und nicht an Ihnen vorbei, zum Beispiel zu einem anderen Hund, der hinter Ihnen spazieren geht.

Konsequenz ist gerade bei diesem Kommando unumgänglich. Ihr Beagle darf nicht ein einziges Mal die Erfahrung machen, dass Sie ihn rufen, er nicht kommt und ihm dann nichts passiert. Rufen Sie nur dann, wenn Sie ganz genau wissen, dass er kommt oder wenn Sie Zugriff auf ihn haben, sonst nie! Ich sehe das immer wieder. Am Feldrand steht ein Besitzer und ruft und ruft und ruft ... Der Beagle kommt aber nicht. Der findet es prima, dass sein Besitzer ihm Bescheid sagt, wo er sich aufhält. So kann er nun beruhigt größere Kreise ziehen. Er verliert seinen Chef ja nicht, denn der meldet sich regelmäßig bei ihm. Was will man mehr!

Ich übe das Kommando „Hierhin" am Anfang oft in meinem langen Flur. Am Ende des Flures lege ich eine Papiertüte mit Brötchenkrümeln hin, gehe zurück zum Anfang des Flures und warte. Es dauert gar nicht lange und der kleine Beagle untersucht das interessante Objekt. In diesem Moment weiß ich genau, wenn ich ihn jetzt rufe, kommt er hundertprozentig nicht. Und genau das ist der Zweck. Er muss nun lernen, dass es Konsequenzen hat, wenn er meinen Ruf ignoriert. Beim Kommando hebt er nicht einmal den Kopf. Nun stürze ich auf ihn zu und da er hier keine Fluchtmöglichkeit hat, kann ich ihn packen. Mit beiden Händen greife ich rechts und links ins seitliche Halsfell, ziehe ihn mit mir mit zum Ausgangspunkt, wohin er hätte kommen sollen, und rüge ihn dabei. Danach lasse ich ihn laufen und räume die Tüte wieder weg. Nach zwei bis drei Stunden wiederhole ich dieses Spiel. Spätestens am zweiten Tag, nach etwa zehn Übungen dieser Art, kommt der Kleine auf mich zu und ich zeige ihm meine Freude. Habe ich den Erfolg, dass er von nun an im Flur kommt, übe ich an anderen Stellen in Haus und Garten, wo ich zugreifen kann.

Die Übungen im Haus mit Zugriff, mit Verstecken auf dem Spaziergang sowie das freudige Heranrufen, wenn der Welpe sicher auf mich zuläuft, brachten mir die größten Erfolge. Ich rufe aber nie, wenn der junge Beagle mit anderen Hunden auf einer Wiese herumtollt. Er würde dann nicht gehorchen. Das Risiko, mir das Kommando kaputtzumachen, gehe ich lieber nicht ein. Also bewege ich mich ruhig auf ihn zu und leine ihn an.

## Allein bleiben

Das fällt dem Meutehund Beagle ganz besonders schwer, muss aber manchmal sein. Die Betonung liegt auf manchmal! In den ersten zwölf Monaten überlasse ich einen Beagle nie sich selbst. Muss ich unbedingt ohne Hund fort, bringe ich ihn zum Dogsitter. Ab dem 7./8.

Monat übe ich allein bleiben täglich zweimal mit ihm wie folgt.

Ich gehe von ihm weg und schließe die Haustür hinter mir. Dort bleibe ich und warte ab. Augenblicklich höre ich lautes herzzerreißendes Fiepen, verbunden mit Kratzen an der Tür. Solange Sie diese Geräusche hören, dürfen Sie nicht zum Hund zurückkehren. Er lernt dann: „Wenn ich Geschrei mache, ist Frauchen sofort wieder bei mir." Bald kommt ein ruhiger Moment, den Sie nutzen können. Alles ist still und Sie gehen sofort zu Ihrem Hund. Er wird Sie überschäumend begrüßen, seine Trennungsangst löst sich. Nun geben Sie ihm ein kleines Leckerchen. Das versteht ein Beagle. Aus seiner Sicht entfernen sich die führenden Hunde nur vom Rudel, um Beute zu machen, und davon erhalten auch diejenigen eine Kleinigkeit, die im Rang ganz unten stehen. Alles hat wieder seine Ordnung. Diese Übung machen Sie eine Woche zweimal täglich. In der zweiten Woche verlängern Sie die Abwartephasen. Bald können Sie schon zehn bis 20 Minuten draußen bleiben. Ist das geschafft, können Sie nach seinem ersten Geburtstag bestimmt weggehen. Er kann Ihr Verhalten nun richtig einschätzen und ist sich sicher, dass Sie nur auf Beutegang sind und bestimmt bald zu ihm heimkehren.

## Bellen

Haben Sie einen Beagle, der außergewöhnlich oft und lang anhaltend bellt? Stellen Sie sich die Frage, ob er ausgelastet oder das Bellen ein Ausdruck von Langeweile ist. Ist er arbeitslos, liegt er von 24 Stunden 20 nur herum? Nach einigen Stunden im Wald mit vielen verschiedenen Schnüffeleinheiten fällt er normalerweise in tiefen Schlaf. Zusätzliches Training und Spiele machen aus ihm einen überaus ruhigen zufriedenen Beagle.

Es gibt aber auch Zaunkläffer. Menschen gehen an seinem Territorium vorbei, die er natürlich vertreiben muss. Er rast laut bellend zum Zaun und hat tatsächlich Erfolg! Die Menschen gehen weiter, er hat sie glänzend verbellt. Das baut ihn täglich mehr auf! Wohnen Sie in einem Gebiet, wo sehr viele Menschen an Ihrem Garten vorbeigehen, kann den Nachbarn das ständige Gekläffe gehörig auf die Nerven gehen. Versuchen Sie es mit einem Zitronenhalsband. An diesem Halsband befindet sich ein Gerät, das beim Bellen eine Zitronenduftwolke freisetzt. Dieser Geruch ist dem Beagle unangenehm und unterbricht sein Gebell.

## Gewöhnung an die Umwelt und Ihr Leben

Schränken Sie Ihren Alltag mit Beagle nicht ein. Er muss sich an Ihren Tagesablauf gewöhnen. Besuchen Sie weiter Verwandte und Freunde, aber mit Beagle. Von der 10./11. Woche an soll er viel außerhalb seines Zuhauses kennen lernen. Nehmen Sie ihn mit in die Stadt, machen mal eine Busfahrt mit ihm, laufen mit ihm durch eine Unterführung und spazieren über belebte Plätze. Zuckt er wegen eines ungewohnten Geräusches zusammen und Sie gehen in diesen Momenten nicht auf ihn ein, merkt er an Ihrem gleich bleibend ruhigen Benehmen, dass keine Gefahr droht. Dran denken: Nicht trösten! Umgekehrt muss ein Stadtbeagle ab und zu aufs Land, damit er nicht ein Sauerstoffzelt braucht, wenn er Kühe trifft. Zunehmend wird er diese Ausflüge genießen, wo sich ihm so viel Neues bietet. Er ist auf dem Weg, ein selbstbewusster Beagle zu werden, den nichts und niemand aus der Ruhe bringen kann.

# Miteinander, gegeneinander – Hunde unter sich

Begegnen sich frei laufende Hunde, ist gewöhnlich alles in Ordnung. Bin ich aber mit meinen angeleinten Beagles auf dem Spaziergang, gehe ich entgegenkommenden angeleinten Hunden aus dem Weg. Die Leine gibt Hunden ein Gefühl der Stärke, so nach dem Motto: „Frauchen/Herrchen wird das Schlimmste schon verhindern, also ran!" Meine Tracy ist zu Hause Rudelchefin und fordert von ihren drei Töchtern und den Besucherhunden Respekt, mit Erfolg! Geht sie nun auf Wald- oder Feldwegen spazieren, die sie nach langen Jahren gut kennt, bezieht sie dieses Gebiet mit ein in ihr Territorium. Trifft sie dort auf eine Hündin, die ihr den Respekt verweigert oder heiß ist/wird, so kann es sein, dass Tracy nach vorne schießt und angreift. Sie biss zwar nie, aber die anderen Hundebesitzer reagierten selbstverständlich

*Frei laufende Hunde entwickeln manchmal aufregende Spielideen – selbst wenn sie sich nicht kennen. (Foto: B. Kronz)*

nervös. Hündinnen, die schon Mutter gewesen und sehr dominant sind wie Tracy, reagieren oft so. Aber leider kann ich Tracy nicht ableinen, da sie dann ewige Zeiten auf der Jagd wäre. Gehe ich mit meinen Beagles unangeleint auf einen eingezäunten Platz und sie treffen dort frei laufende Hunde, ist alles okay. Zu Hause lade ich während der Läufigkeit und Welpenzeit keine Familien mit Hündinnen ein. Zu anderen Zeiten ist es kein Problem, da werden auch andere Hündinnen hier freundlich begrüßt. Bei meinen Welpenfamilien mit nur einer Beaglehündin, die nie Welpen bekommen hat, ist das anders. Da kann zu jeder Zeit kommen, wer will. Es gibt keine Raufereien.

Gehen frei laufende Hündinnen aufeinander los, so handelt es sich um eine ernste Sache. Manche Hündinnen kämpfen, bis eine stark verletzt ist oder bis zum Tod. Trifft ein Rüde einen anderen Rüden, so geht es im Allgemeinen (geistige Defekte mal ausgeschlossen) friedlich ab. Rüden machen viel Geschrei um nichts. Sie stellen die Haare auf, knurren fürchterlich, zeigen sogar die Zähne, stürzen aufeinander zu, als wollten sie sich umbringen. Aber es handelt sich um Imponiergehabe. Wenden die Besitzer sich ab, gehen ein paar Schritte weg, arrangieren sie sich wieder. Meist gehen die Rüden seitlich aneinander, immer noch mit aufgestelltem Haar, schnüffeln sich gründlich ab und machen klar, wer der mental Stärkere ist. Sind die Fronten geklärt, kommen sie prima miteinander zurecht. Es gibt manchmal ein paar Schrammen, aber keine ernsthaften Verletzungen. Allerdings erlebte ich auch, wie sich das Bild ändert, wenn die Besitzer eingriffen. Die Rüden bekamen plötzlich Verstärkung und es kam zum echten Kampf mit Verletzungen.

Beim Zusammentreffen von Rüden habe ich nur Bedenken, wenn eine läufige Hündin in der Nähe ist und das Werben beginnt. Da ist auch bei Rüden der Punkt erreicht, wo es ernst werden könnte.

*Hunde, die zusammenleben, wissen, wer von ihnen das Sagen hat, und respektieren sich. (Foto: B. Kronz)*

Kommen Sie nie auf die unsinnige Idee, Ihren kleinen Beagle auf den Arm zu nehmen, um ihn vor einem angreifenden Raufer zu schützen. Ihr Beagle bekommt dadurch auch das Gefühl der Stärke, wird vom Arm aus knurren und drohen. Der Angreifer beschließt dann erst recht, seinen Angriff zu starten. Sie haben aber Ihre Hände nicht frei, um sich zum Beispiel mit einem Stock zu wehren, können auch Ihr Schlappohr nicht schützen. In aller Regel sind Beagles nicht gerade die mutigsten Hunde. Leinen Sie ihn bei einem herankommenden Streitsüchtigen schnell ab, wird er ausweichen und dem Kampf aus dem Weg gehen. So wendig und schnell sind wenige Vertreter anderer Rassen und Sie müssen keine Angst haben, dass Ihr Beagle von ihm erwischt wird. Das Ableinen ist in dem Fall das kleinere Übel.

# Laufen, laufen, laufen – Ausflüge mit dem Schlappohr

Bis Ihr Beagle sechs Monate alt ist, sind Spaziergänge in unterschiedlicher Umgebung wichtig, dürfen aber nicht zu lang sein. Die Muskulatur muss im ersten Jahr aufgebaut werden, damit Glieder und Gelenke gestützt werden, aber langsam. In dieser Zeit lassen Sie den Kleinen ohnehin meistens ohne Leine laufen, sodass er sich austoben kann und die Muskeln Form annehmen. Für das Leinentraining nutzen Sie kurze Gänge.

Kann er seinen Bewegungsablauf allein bestimmen, wird er sich hinsetzen, hinlegen oder sehr langsam umherschleichen, sobald er ermüdet. Das funktioniert, wenn Sie eine kurze Strecke mit ihm gehen und dann zum Beispiel auf einer Wiese ein wenig hin und her laufen. Marschieren Sie aber schnurstracks geradeaus Ihren Weg über lange Zeit, wird er versuchen, Sie nicht zu verlieren, kann aber nicht selbst bestimmen, wann es genug ist. Es ist ungesund für ihn. Hierbei sind seine Gelenke, seine Kraft und sein Herz überfordert, auch dann, wenn Sie es ihm nicht auf Anhieb ansehen.

*So ein Anhänger macht lange gemeinsame Ausflüge möglich, ohne den Hund zu überfordern. (Foto: C. Falke)*

*Einem erwachsenen Beagle können Spaziergänge kaum lang genug sein. (Foto: P. Schmidt)*

Meine Empfehlung für Spaziergänge:

- im 3. und 4. Monat 3 × 20 bis 25 Minuten am Tag
- im 5. und 6. Monat 3 × 35 Minuten am Tag
- im 7. und 8. Monat 1 × 50 Minuten und 1 × 35 Minuten am Tag
- ab dem 9. Monat wird jeder Spaziergang etwas ausgedehnter
- ab 1 Jahr 1 × 1 1/2 Stunden und 1 × 1/2 Stunde am Tag
- ab 18/20 Monate mindestens 3 Stunden am Tag, lieber mehr

Sie wollten einen Laufhund, also laufen Sie mit ihm, bei fast jedem Wetter, Hagelschlag und Gewitter einmal ausgenommen.

Ab dem fünften bis sechsten Monat bringen Sie ihm auf Spaziergängen bei, etwas zu suchen. Kneten Sie ein Taschentuch in Ihrer Hand, damit es gut nach Ihnen riecht. Lassen Sie es am Wegrand fallen, gehen ein paar Schritte und rufen Ihren Beagle zu sich. Nun sagen Sie mehrmals: „Becky, such." Dabei müssen Sie selbst aufgeregt am Wegrand nach dem Taschentuch suchen. Ihr Beagle wird nun auch interessiert gucken und dort schnüffeln. Dabei stößt er auf das Taschentuch, das nach Ihnen riecht, und nimmt es auf. In genau diesem Moment zeigen Sie Ihrem Hund übergroße Freude, nehmen ihm das Tuch weg, indem Sie es direkt mit einem Leckerchen tauschen. Setzen Sie nun mit ihm den

Spaziergang fort und bieten ihm dabei noch drei- bis viermal das Suchspiel an. Es können nach ein paar Tagen immer andere Gegenstände sein, die er suchen soll. Das erhöht den Reiz.

Rennen Sie mit dem Vierbeiner über Wiesen und abgeerntete Felder, gehen Sie mit ihm auch einmal durch einen Bach. Ab dem 15. Monat lassen Sie ihn gelegentlich auf einen Baumstamm, über einen Graben oder auf eine Bank springen. Die Unterordnungskommandos „Sitz“, „Platz“, „Fuß“ binden Sie auch ab und zu mit ein ins Ausflugsprogramm. Bieten Sie ihm viel Abwechslung, werden für beide die Spaziergänge interessanter und Ihr Beagle kommt nicht so schnell auf die Idee, seinen Ausflug selbstständig zu gestalten.

Mit 18 Monaten ist der Beagle erwachsen und ausgereift. Lieben Sie Fahrradtouren? Prima, der Beagle auch. Mein Mann gewöhnt ab dem 15. Monat langsam jeden Hund auf Wald- und Feldwegen ans Fahrrad. Am Anfang fährt er einen Waldweg hin und her mit geringem Tempo und führt dabei den Hund an der 8-Meter-Rollleine, ermahnt ihn, wenn er vor das Rad laufen oder die Seite wechseln will, lobt ihn, wenn er seitlich ordentlich mitläuft. Das muss gründlich geübt werden, damit es nicht zu Unfällen kommt. Innerhalb von drei Monaten klappt es und er kann die Touren ausweiten. Mein Mann bevorzugt die Rollleine statt einer kurzen Leine, sodass er Zeit zum Bremsen und Absteigen hat, falls der Beagle ausbricht. Alternative: Im guten Heimtierfachhandel gibt es eine spezielle Halterung, die am Fahrrad befestigt wird.

Es ist immer wieder schön zu sehen, wie jede Hündin sich freut, wenn es mit dem Rad losgeht. Vor einer Radtour ist erst ein kurzer Spaziergang zum Lösen und Schnüffeln eingeplant. Es läuft und fährt sich dann lockerer.

*Das Tempo bei Fahrradtouren soll so sein, dass der Hund locker nebenhertraben kann. (Foto: B. Kronz)*

# Spaß muss sein – Spielvorschläge

## Leckerchen suchen

1) Ein Beagle ist ausgesprochen verfressen. Nutzen Sie diesen Umstand, um ihn spielerisch zu beschäftigen. In einem Zimmer, später in der ganzen Wohnung, im gesamten Haus und Garten verstecken Sie kleine, wohlriechende Leckerchen (gekochte Rinderherzstückchen, schmale Scheibchen gekochter Puten- oder Hühnermägen, Trockenfutter). Der Beagle darf Ihnen dabei nicht zusehen. Ist alles versteckt, holen Sie ihn und schicken ihn auf die Suche. Am Anfang wählen Sie einfache Verstecke und legen einige Bröckchen offen ins Zimmer. Helfen Sie ihm zuerst, wenn er nicht weiter weiß. Bald ist er ein Fuchs im Auffinden auch der ausgeklügeltsten Verstecke.

1

2

Ein Leckerchen, das es zu suchen gilt, um es zu bekommen – das ist schnell Beagles Lieblingsspiel. (Fotos: U. Schanz)

3

2) Nehmen Sie eine kleine Dose oder ein anderes kleines Behältnis, das er gut in den Fang nehmen, aber nicht sofort zerlegen kann. Ich benutze für dieses Spiel ein weiches Brillenetui mit Schnappverschluss. Metall mögen die meisten Beagles nicht ins Maul nehmen. Da hinein legen Sie ein kleines Leckerchen, das intensiv riecht. Der Beagle wartet im Nebenraum, bis die Dose versteckt ist. Dann darf er suchen. Bleiben Sie in der Nähe, damit Sie ihm die Dose abnehmen können mit dem Befehl: „Becky, fein und aus.“ Bald versteht er, dass er sie bringen muss, Sie sie öffnen, um ihm das Leckerchen herauszuholen.

*Obwohl Jagdhund, hat der Beagle wenig Begabung zum Apportieren. Es zu lernen ist für ihn Schwerarbeit. (Foto: B. Muckelbauer)*

## Spielapport

Halten Sie dem Beagle ein neues Bällchen oder eine Nylonfrisbeescheibe vor die Nase. Machen Sie es möglichst anziehend für ihn, indem Sie es vor ihm bewegen, zwischendurch hinter Ihrem Rücken halten, dann wieder zeigen. Steigt nun sein Interesse, werfen Sie es mit dem Kommando: „Becky, hol's", ein bis zwei Schritte von sich fort. Aber möglichst dorthin, von wo der Hund nicht mit seiner Beute verschwinden kann. Er dreht sich mit dem Spielzeug im Fang um, läuft auf Sie zu und Sie halten schon ein Leckerchen bereit, um sofort mit ihm tauschen zu können. Loben nicht vergessen!

Das Spielzeug werfen Sie sofort wieder weg, damit er es holen kann. Hat Ihr Beagle diesen Tausch verstanden, üben Sie Spielapport auf immer längere Strecken. Klappt das zuverlässig, bekommt er nur noch für jedes dritte Mal, später für jedes fünfte Mal und so weiter seine leckere Belohnung. Stöckchen werfe ich nie. Die Unfallgefahr mit Verletzungen im Fang ist mir zu hoch.

## Fährte

Binden Sie ein handgroßes Stück frischen rohen (ungebrühten) Pansen oder ein Stückchen rohes Wild an ein langes Band. Ohne Ihren Beagle gehen Sie zu einem abgeernteten Feld oder einer gemähten Wiese. Hier laufen Sie rückwärts mit dem Wind und ziehen in Ihrer Fußspur den Pansen. Kennzeichnen Sie für sich den Anfang der Fährte und betupfen Sie dort ein etwa 1 Quadratmeter großes Stück mit dem gut riechenden Stück. Beim vier Monate alten Beagle reicht eine gerade Strecke von 50 bis 70 Meter. Ab dem 6./7. Lebensmonat bauen Sie Kurven und Kehrtwendungen mit ein und verlängern die Strecke auf 100 bis 150 Meter, später auf 200 bis 400 Meter. Passen Sie die Strecke der Jagdpassion Ihres Beagles an. Weichen Sie von der geraden Strecke ab, stecken Sie kleine Äste für sich als Wegweiser in den Boden. So haben Sie die Strecke immer vor Augen. Nach etwa einer Stunde bringen Sie Ihren Hund an den Anfang der Schleppe, nehmen ihn an die 3-Meter-Leine und sagen: „Becky, such." Nimmt er die Fährte auf und läuft los, gehen Sie hinter ihm mit der durchhängenden Leine. Er soll ruhig mit der Nase am Boden arbeiten und nicht hektisch herumschnüffeln und zerren. Durch Wind wird ihm der Geruch manchmal etwas neben der Schleppe zugetragen, sodass er versetzt sucht. Das ist völlig in Ordnung, solange die Richtung stimmt und es sich um ein paar Zentimeter handelt. Sucht er richtig, loben Sie ihn. Kommt er von der Strecke ab, bringen Sie ihn wieder darauf und schauen, dass sich die Nase dort festsaugt. Und weiter geht's. Ermuntern Sie ihn immer wieder freundlich dabei. Am Ende erwartet den kleinen Jäger zur Belohnung das Pansenstück. Nach solch einer Nasenarbeit sehen Sie Ihren Jagdhund sehr zufrieden. Diese Übung einmal pro Woche ist für den Beagle ein willkommenes Spiel, seine angeborenen Anlagen ausleben zu können.

## Zerren – Tauziehen

Zerrspiele dürfen erst nach dem Zahnwechsel, ab dem siebten Monat gespielt werden, sonst leidet das Gebiss. Das Hosenbein einer alten Jeans oder ein anderes festes Tuch eignet sich bestens, um mit dem Beagle zu zerren. Es muss lang genug sein, damit es über den Boden gezogen werden kann, es „flüchtet". So wird das Fangen attraktiv und die Spiellust angefacht. Bewegen Sie das Stück, während Sie rennen oder im Kreis um sich herum. Packt der Beagle zu, streiten Sie mit ihm um die Beute. Für ihn ist der Streit ein herrliches Spiel um die Beute.

## Agility

Agility bedeutet Behändigkeit, Gewandtheit und ist ein Sport gemeinsam für Herr oder Frau und Hund. Viele Hundeschulen bieten Agilityplätze an. Gehorsam und Selbstbeherrschung müssen für den Beagle zu diesem Zeitpunkt Gewohnheit sein. Die verschiedenen Geräte auf dem Platz setzen vor-

*Die Kontaktgeräte beim Agility darf schon ein junger Hund üben, Sprünge erst ein erwachsener. (Foto: B. Kronz)*

aus, dass ausschließlich erwachsene Hunde daran arbeiten. Es gibt viele verschiedene Sprünge, die den Gliedern des jungen Hundes noch schaden. Ab dem 18. bis 20. Monat finden Beagles sehr viel Vergnügen an diesem Hindernisparcours. Sie lernen, auf Handzeichen konzentriert zu reagieren, und zeigen unbändige Freude, wenn der Besitzer neben ihnen den Parcours abläuft.

## Kleine Kunststücke – Jux

Ohne Frage muss ein Hund keine Zirkuskunststücke wie Rolle, Pfötchengeben, Danke-Verbeugung, Totstellen oder Bellen auf Handzeichen können, aber seine Gehirnzellen sollen durchs Lernen angeregt werden. Es macht mir als Besitzer Spaß, meinen Hunden immer wieder etwas Neues beizubringen, und meinen Beagles auch. Auch Gäste konnten meine Schlappohren damit faszinieren und sie fanden es toll, im Mittelpunkt zu stehen.

## Actionbälle – Futterbälle

Tracy spielt mit allergrößtem Vergnügen damit. Sie schubst den Ball mit Inbrunst hin und her und belohnt sich selbst mit der herausfallenden Beute. Allerdings muss hier, wie bei allen Futterspielen, ein Abzug bei der normalen Mahlzeit erfolgen.

## Freund suchen

Sie gehen zu zweit mit dem Beagle im Park spazieren. Einer lässt ihn „Sitz“ machen, der andere entfernt sich 50 bis 100 Meter und versteckt sich hinter einem dicken Baum oder Strauch. Nun wird der Beagle, der alles genau beobachtet hat, mit dem Befehl „Becky, such Norbert“ losgeschickt. Bei dem Freund angekommen, erwartet ihn dessen Freude und ein stürmisches Spiel.

Es sind einige gute Bücher auf dem Markt, die 100 Anleitungen für Tricks und Spiele bieten, deshalb beschränke ich mich hier auf kurze Hinweise. Falls Sie Gefallen daran finden, steht Ihnen der Ideenreichtum anderer Autoren offen. Fangen Sie erst eine neue Übung an, wenn die andere hundertprozentig sitzt. Haben Sie Geduld und überfordern Sie Ihren Beagle nicht.

*Irgendwann verliert der Ball bei einer Drehung das reingelegte Leckerchen – ein herrliches Spiel. (Foto: B. Kronz)*

# Die heiße Phase

Haben Sie sich beim Kauf Ihres Beagles für eine Hündin entschieden, müssen Sie sich irgendwann zwischen dem sechsten und 18. Lebensmonat auf ihren biologischen Rhythmus einstellen, auf die Hitze oder Läufigkeit. Ein- oder zweimal im Jahr wird eine Hündin heiß. Der Abstand der Hitzen ist nicht bei allen Hündinnen gleich. Immer wieder wird von sechs Monaten gesprochen, aber so pauschal trifft das nicht zu. Es handelt sich um einen recht individuellen Rhythmus. Führen Sie ein wenig Tagebuch. Notieren Sie sich jeweils den ersten Tag der ersten und auch der zweiten Hitze. So können Sie den Abstand der künftigen Läufigkeiten ungefähr bestimmen. Bei einer gesunden Hündin kommt nicht die eine Hitze nach drei Monaten und die nächste nach neun Monaten. Kleine Verschiebungen gibt es manchmal, besonders dann, wenn eine zweite Hündin

*Eine läufige Hündin wird von ihren Hormonen gesteuert und vergisst jede Erziehung. (Foto: Chr. Steimer)*

gehalten wird. Es kann sein, dass sich die eine der anderen anpasst. Auch ein harter Winter beeinflusste eine meiner Hündinnen. In diesem Fall zog sie die Hitze fast sechs Wochen hinaus.

Vor und während der heißen Phase verändern sich Hündinnen im Wesen. Die eine wird sehr lebhaft, andere werden außergewöhnlich ruhig. Meist sind sie zudem noch anhänglicher als sonst.

Alle urinieren schon vier bis sechs Wochen vorher auf Spaziergängen alle paar Meter wenige Tropfen, um Rüden darauf hinzuweisen, dass der interessante Zeitpunkt naht. Der Urin bekommt jetzt einen anziehenden Geruch für die Rüden. Die Hündinnen heben sogar nach Rüdenart ein Bein beim Markieren und scharren danach wie verrückt. Jetzt schwillt die Vulva deutlich an und der erste Blutstropfen tritt an den Tag.

Das Blut ist in den ersten Tagen dunkelrot. Die Polstermöbel decke ich mit gut waschbaren Tüchern ab. Ich möchte die Hündin gerade in dieser Zeit nicht von ihren gewohnten Plätzen vertreiben. Kommt eine läufige Hündin aus dem Schlaf, steht sie auf und schüttelt sich. Bei dieser Prozedur fliegen die Blutstropfen umher, bevor sie sich leckt. Da ist das Abdecken der Sitzmöbel ganz besonders sinnvoll. Im Fachhandel gibt es spezielle Hitzehöschen. Ich persönlich finde solch ein Höschen aber für diese Zeit unmöglich. Es ist der Hündin im Weg, wenn sie sich lecken möchte. Außerdem meine ich, dass es ganz unangebracht ist, einen Hund anzuziehen. Solche menschlichen Extravaganzen sind für Hunde nicht zu begreifen. Wer mit einer heißen Hündin nicht leben kann, holt sich eben einen Rüden ins Haus.

Solange die Hitze andauert, drei bis vier Wochen, bleibt die Hündin auf allen Spaziergängen angeleint, denn auch eine sonst gehorsame Hündin könnte weglaufen, um sich nach einem Verehrer umzusehen.

Nach und nach verliert das Blut seine dunkelrote Farbe, wird heller, bis es fast farblos wirkt. Die stark angeschwollene Vulva wird weicher. Die Decktage nahen. Wann sich die „gefährlichen“ Tage einstellen, wissen Sie als Hundehalter nie so ganz genau. Der Zeitpunkt ist individuell verschieden. Es gibt Hündinnen, die am achten Tag gedeckt werden können und andere, die erst am zwölften oder 18. Tag so weit sind, je nachdem, wann der Eisprung einsetzt. Auf den Spaziergängen ist es zu dieser Zeit für Sie nicht immer einfach. Viele Rüden laufen ohne Leine, nehmen den Geruch Ihrer Hündin auf und folgen ihm. Wie oft musste ich schon kräftig zupacken, um einen Rüden von meiner Hündin zu trennen.

Meine Hündin ist mir in diesen Momenten ebenfalls keine Hilfe. Sie dreht sich dem Rüden entgegen. Mittlerweile rufe ich den Rüdenbesitzern zu: „Meine Hunde sind krank, leinen Sie bitte ihren Hund an.“ Das hilft komischerweise immer. Vertrauen Sie innerhalb der Hitze nicht auf die Sprays, die angeboten werden, um den Geruch der Hündin zu überdecken. Damit können Sie die interessierten Rüden nicht fern halten.

Sie wollen sicher keinen unerwünschten Nachwuchs Ihrer Hündin. Darum passen Sie auch zu Hause gut auf. Ist der Gartenzaun hoch genug oder können Rüden darüber springen, um ein Rendezvous mit Ihrer Hündin zu erreichen? Buddelt Ihre Hündin zu intensiv und schafft sich dort einen Ausgang? Misslingt die Aufsicht und es kommt zum „Deckunfall“, müssen Sie innerhalb 36 Stunden zum Tierarzt. Er leitet durch eine Östrogeninjektion einen Abort ein. Versuchen Sie bitte niemals, Rüde und Hündin während des Deckaktes zu trennen! Schwere Verletzungen an den Geschlechtsorganen wären die Folge, denn die Scheidenmuskulatur hält den ausgedehnten Schwellkörper des Rüden fest. Er könnte gar nicht aus der Hündin heraus, selbst wenn er wollte. Dieses Hängen dauert in der Regel zwischen zehn und 40 Minuten. Sie können währenddessen nur die Ruhe bewahren und anschließend erst das Erforderliche unternehmen.

Scheinschwangerschaften kenne ich von meinen Hündinnen nicht. Die eine oder andere entwickelte nach einer Hitze wohl etwas Milch in ihren Zitzen, aber das gab sich nach ein paar Tagen von allein wieder. Sollte es vorkommen, dass Ihre Beaglehündin sich tatsächlich rundet und alle Anzeichen einer Trächtigkeit zeigt, empfehle ich, tierärztlichen Rat einzuholen. Nach der Hitze sind oft für kurze Zeit noch die vier hinteren Zitzen etwas dicker. Das ist kein Grund zur Sorge, solange diese weich bleiben, und hat mit Scheinträchtigkeit nichts zu tun. Sollte eine Verhärtung auftreten, muss der Tierarzt hinzugezogen werden.

Das Thema der Kastration taucht bei Gesprächen mit Welpeninteressenten ab und zu auf. Da ich immer für die natürliche Haltung bin, rate ich denen, die sich mit diesem Gedanken beschäftigen, keine Hündin zu kaufen. Einige Tierärzte raten dazu, sehr junge Hündinnen noch vor der ersten Hitze kastrieren zu lassen, die Entfernung von Gebärmutter und Eierstöcken. Sie führen an, dass damit Mammatumore fast ausgeschlossen werden können. Nach der ersten Hitze wäre das nicht im gleichen Maß gewährleistet. Meine Meinung dazu: Durch eine so frühe Kastration unterbricht man den Reifeprozess. Die Hündin bleibt körperlich und seelisch stehen. Die normale Entwicklung wird gestoppt.

Wenn überhaupt, sollte meiner Meinung nach eine Kastration nur dann vorgenommen werden, wenn eine Krankheit vorliegt und es nicht mehr anders geht. Bei meiner Becky hatte ich nach einem Unfall keine andere Wahl.

Die Veränderungen danach sind bei ihr nicht zu übersehen. Sie riecht für Artgenossen einfach anders, ist selbst oft launisch und träge, verträgt sich nicht mehr so gut mit anderen Hunden. Sie beißt zwar nie, ist aber häufig zickig. Mit dem Gewicht bekam sie die bekannten Schwierigkeiten. Ihr Haarkleid veränderte sich zum Nachteil. Sie verliert ständig sehr viel Haar. Eine Kastration kann bei der Hündin zusätzlich zur Inkontinenz führen.

Für eine Verschiebung oder den Abbruch der Hitze gibt es heutzutage einige Medikamente, aber es handelt sich stets um gravierende Eingriffe in den Hormonhaushalt des Tieres. Oft hörte ich schon von anschließenden Gebärmutterentzündungen.

Die Kastration bei Rüden ist viel einfacher, keine große Operation und oft ein erfolgreiches Mittel, um sie führiger und weniger aggressiv werden zu lassen. Allerdings, Aggressivität sollte beim Beagle kein Thema sein!

Eine Hundetrainerin empfahl einem meiner Welpenkäufer bei ihrem Rüden die Kastration, damit er nicht mehr wegläuft. Dieser Rat war völlig falsch. Der Rüde folgt natürlich auch nach der Kastration weiterhin seinem Jagdinstinkt. Allenfalls sehe ich eine Kastration bei Rüden ein, wenn in der Nachbarschaft Hündinnen einziehen und der Rüde während der heißen Tage ständig liebeskrank wird. Ein Rüde, den ich kenne, steigerte sich so sehr in den Liebeskummer, dass er eine Prostataentzündung bekam. In solchen Fällen gibt es oft keine andere Möglichkeit als die Kastration.

# Liebe geht nicht nur durch den Magen

Der stets um Futter bettelnde Blick eines Beagles verführt viel zu viele Besitzer dazu, ihrem Liebling außerhalb der Fütterungszeiten zusätzlich etwas zu geben. Etliche arme Beagles sehen aus wie Sofarollen, leiden unter Gelenkschmerzen, können nicht mehr lange Zeit laufen, zeigen Atemprobleme, haben jede Ähnlichkeit mit einem drahtigen Jagdhund verloren. Spreche ich die Besitzer auf dieses Thema an, kommt oft die Antwort: „Ich weiß nicht, warum er so zunimmt. Er kriegt doch schon so wenig zu fressen. Davon kann ich nichts mehr abziehen.“ Bei solch mangelnder Einsicht kann ich nur noch empfehlen, einen Umzug zu planen in eine Gegend, wo die Luft zum Atmen weniger fetthaltig ist.

*Beagles fressen, solange etwas im Napf ist, auch wenn die Menge drei Hunde satt machen würde. (Foto: U. Schanz)*

Zwei Dinge spielen zusammen, um das Gewicht des Beagles in gesunden Grenzen zu halten. Erstens braucht er viel, viel Bewegung und zweitens die richtige Tagesration Futter. Gehen die Besitzer täglich nicht oft und lange genug mit dem Vierbeiner spazieren, setzt er an. Bei Regenwetter zu laufen macht wahrlich wenig Spaß, aber es muss trotzdem sein. Liegt ein Beagle von 24 Stunden 22 herum, langweilt er sich nicht nur, sondern nimmt auch schnell zu. Oft ist es dann das schlechte Gewissen des Halters, dass der Beagle statt der nötigen Bewegung eben mehr Futterbrocken bekommt. Der Hund schaut dann weniger traurig und das menschliche Gewissen beruhigt sich wieder. Liebe sollte beim Beagle nicht durch den Magen gehen, sondern aus Bewegung, Spiel und Training bestehen, und dazu im richtigen Verhältnis das Futter. Alles andere ist verantwortungs- und lieblos. Jeder übergewichtige Beagle leidet irgendwann unter Schmerzen und hat eine verkürzte Lebenserwartung. Herz und Kreislauf werden ständig überlastet und ziehen möglicherweise Leber- und Nierenerkrankungen nach sich. Dicke Hunde vertragen die Wärme im Sommer nicht gut, weil das Wasserreservoir im Körper sinkt und dafür mehr Fett eingelagert wird. Auf Spaziergängen atmen sie schwer und haben so wesentlich weniger Freude daran.

Bei 1 oder 2 Kilogramm zu viel hat der Beagle noch kein gesundheitsschädliches Übergewicht. Wiegt aber zum Beispiel eine Hündin von 38 Zentimeter Schulterhöhe statt 11 bis 12 Kilogramm nun 18 Kilogramm, liegt ein beträchtliches Gesundheitsrisiko vor. Dieses Thema müssen Sie ausführlich mit allen im Haushalt lebenden Personen besprechen, damit Ihr Beagle nicht heimlich gefüttert wird. Reden Sie unbeirrt von Tierquälerei, damit es fruchtet.

Die Mengenangaben auf den Futterbeuteln sind meines Erachtens für Beagles immer zu hoch. Ich möchte hier keine genaue Tagesmenge angeben, da sie bei jedem Beagle abweichen kann. Der eine nimmt schneller zu als der andere. Es kommt auf den Energieverbrauch des einzelnen Hundes an. Fühlen Sie die Rippen des Beagles mit der flachen Hand nur durch Polster, ist er zu dick. Zwischen den Vorderläufen tasten Sie die Brust ab. Ist sie gut griffig, nicht mehr stramm, ist auch dort zu viel des Guten. Wiegen Sie Ihren Beagle einmal pro Woche, indem Sie zuerst allein, dann mit ihm auf die Waage steigen. Zeigt Ihr Beagle bereits deutliches Übergewicht, erfordert es Ausdauer und Konsequenz, ihn wieder auf Normalgewicht zu bringen. Zunächst muss der Tierarzt Krankheiten ausschließen, die zur Körperfülle führen können. Ist das geklärt, wird er Ihnen Vorschläge für die Diät aufzeigen.

Zusätzlich zum Diätfutter braucht der Beagle auf jeden Fall viel mehr Bewegung. Waren bis jetzt nur zwei Stunden am Tag für Spaziergänge vorgesehen, müssen es nun drei, besser vier Stunden sein. Auch Fahrradtouren sind dienlich und freies Toben mit anderen Hunden. Gehen Sie nie auf die bettelnden Blicke ein, sondern lenken Sie den Fastenden mit zum Beispiel Zerr- oder Apportierspielen ab. Leckerchen, die als Belohnung beim Training gegeben werden müssen, zweigen Sie vorher von der abgewogenen Tagesfutterration ab. Es gibt zusätzlich gar nichts, auch nicht „nur mal" einen kleinen Hundekuchen als Ausnahme! Beagles lieben immer Futterabwechslung. Auch das können Sie ihm während der Schlankheitskur bieten. An zwei Wochentagen wird das Diätfutter weggelassen und durch gekochten, ungewürzten Fisch ohne Gräten mit ein bis zwei gekochten Salzkartoffeln vermischt ersetzt. Geben Sie dem Hund keine Muscheln. Sie enthalten ein Enzym, das das B1-Vitamin zerstört. Oder mag er 200 Gramm Magerquark mit geriebenem Apfel und Weizenkleie? Haben Sie ihn schon in den ersten Lebensmonaten an verschiedene Nahrung gewöhnt, wird er auch gerne Obst fressen. Zwiebeln, Knoblauch und Nüsse darf er nie fressen, weil dies zu Anämie führen kann. Einige gute Bücher über Ernährung und Rezepte für Hunde finden Sie im Buchhandel.

*Ein Beagle, der abnehmen soll, muss sich auch vom Leben als Decken-/Sofahund verabschieden. (Foto: Chr. Steimer)*

Rechnen Sie für das Abnehmen auf jeden Fall mit mindestens drei Monaten. Am Anfang werden Sie kaum Gewichtsverlust feststellen, aber nach etwa drei Wochen verbuchen Sie die ersten Erfolge. Halten Sie durch, bleiben Sie standhaft. Als Entschuldigung gilt auch nicht: „Er mag das Diätfutter nicht." Wenn er wirklich Hunger hat, wird er es garantiert fressen!

Auch bei einem normalgewichtigen Hund achten Sie darauf, dass die Leckerchen und Hundekuchen Teil des Ganzen bleiben und nicht zusätzlich gegeben werden. Welpen und junge Hunde bekommen zwei bis drei Mahlzeiten am Tag, erwachsene Beagles füttere ich nur einmal täglich. Auf genau festgelegte Futterzeiten lege ich dabei keinen Wert. Sie richten sich hier nach dem Tagesablauf. Der Fressnapf wird nach jeder Mahlzeit gründlich gereinigt. Frisches, nicht zu kaltes Wasser steht immer zur Verfügung, Tag und Nacht (nie abgekochtes Wasser nehmen!). Bekommt ein Hund Trockenfutter, benötigt er die vierfache Menge an Wasser als bei der Fütterung mit Feuchtfutter. Auf zusätzliche Beigaben von Vitaminen und Mineralien verzichte ich, weil im guten Fertigfutter alles enthalten ist, was die Hunde brauchen, und ich es nicht auf eine Überdosierung von Vitaminen ankommen lasse. Meine Hunde fühlen sich auch ohne diese Zusätze wohl und sind gesund.

Schokolade ist toxisch für den Hund, mal abgesehen von den überflüssigen Kalorien. Der Schokoladeninhaltsstoff Theobromin ist für Menschen harmlos, aber für Hunde ab einer bestimmten Dosis potentiell tödlich. Je mehr Kakao die Schokolade enthält, desto gefährlicher ist es. Süßigkeiten insgesamt sind nicht gut für den Hund. Oft sind Magenverstimmungen, Erbrechen und Hautekzeme die Folge.

Bieten Sie Ihrem Beagle niemals Milch an. Sie löst bei den meisten Hunden Durchfall aus, weil sie den Milchzucker nicht vertragen. Wasser, bei einigen Krankheiten auch einmal Tee, ist immer am besten. Milchprodukte wie Sauermilch, Quark oder Hüttenkäse werden von den meisten Hunden gut vertragen. Auf rohes Schweinefleisch verzichten Sie, weil es das Aujeszky-Virus enthalten kann. Es ist für Menschen ungefährlich, aber für Hunde tödlich. Fleisch, Fisch und Geflügel (ohne Gräten, ohne Knochen) koche ich grundsätzlich ab, schon um einer Salmonellenvergiftung vorzubeugen. Geräucherte und gewürzte Lebensmittel verursachen Hautekzeme und greifen den Magen an. Etwas Salz schadet dem Hund nicht, aber Speisen mit Chili, Paprika, Pfeffer und so weiter sind nichts für ihn. Vermeiden Sie auch zu kalte Mahlzeiten. Geben Sie Ihrem Hund eine Quarkspeise oder Hüttenkäse aus dem Kühlschrank, so wärmen sie diese Lebensmittel vorher an.

Beagles ab etwa acht Jahren verbrauchen weniger Energie als jüngere und brauchen von daher ein anderes Futter. Der Organismus von älteren Hunden darf nicht überlastet werden. Dazu tragen Futter mit hochverdaulichem Eiweiß und mehr Vitaminen bei. Seniorenfutter wird von fast jeder Marke angeboten. In diesem Alter ist es auch besser, das Futter wieder auf zwei Mahlzeiten zu verteilen, damit Magen und Darm es leichter verarbeiten können. Fehlen irgendwann einmal die ersten Zähne, benötigt Ihr Hund weicheres Futter. Achten Sie beim Einkauf von Fertigfutter auch immer auf das Verfallsdatum, besonders dann, wenn es plötzlich sehr preisgünstig angeboten wird.

# Die Rundumversorgung

Lassen Sie sich von Ihrem Tierarzt beraten, was in eine Hausapotheke für Hunde gehört (Fieberthermometer, Vaseline zum Einfetten des Thermometers, gebogene, stumpfe Schere, Zeckenzange, Splitterpinzette und anderes). Sie sollte ihren festen Platz am besten in einem kühlen Raum erhalten. Sprechen Sie mit Ihrem Tierarzt ebenfalls über eine für Ihren Beagle geeignete Reiseapotheke.

Beim VDH, BCD und Ihrem Tierarzt können Sie erfragen, wo und wann Erste-Hilfe-Kurse für Hundehalter angeboten werden. Das Erlernte gibt Ihnen mehr Sicherheit, wenn es einmal zu einem Unfall kommen sollte. Halten Sie immer die Telefonnummer eines anderen Tierarztes bereit, falls Ihr Tierarzt im Notfall nicht erreichbar ist.

*Warten Sie mit der Zahnkontrolle nicht bis zum Impftermin einmal im Jahr. (Foto: U. Schanz)*

## Zähne

Das Milchgebiss besteht aus 28 Zähnen, das komplette Gebiss nach dem Zahnwechsel ab dem fünften bis sechsten Monat aus 42 Zähnen. Der Beagle besitzt ein Scherengebiss, das heißt, die Schneidezähne des Unterkiefers stehen bei geschlossenem Fang unmittelbar hinter denen des Oberkiefers. Ist das bei Ihrem Welpen nicht der Fall, dann muss es im Wurfabnahmebericht vom Zuchtwart dokumentiert sein. Bitten Sie den Züchter, Ihnen den Gebissschluss bei der Abholung Ihres Welpen zu zeigen. Meist brechen die bleibenden Fangzähne mit etwa fünf Monaten durch und verdrängen die Milchzähne. Fallen diese nicht von selbst aus, müssen sie vom Tierarzt gezogen werden. Machen Sie sich keine Sorgen, wenn der kleine Beagle seine ausfallenden Milchzähne auffrisst. Es schadet ihm nicht.

Einmal im Jahr schauen Sie nach, ob sich auf den Zähnen am Übergang zum Zahnfleisch ein gelb-bräunlicher Belag (Zahnstein, Plaque) gebildet hat. Zahnstein muss der Tierarzt entfernen. Es gibt auch Zahnpasta und Zahnbürsten für Hunde, aber ich habe es nicht geschafft, meinen Hündinnen damit die hinteren Zähne ausreichend zu putzen. Vielleicht sind Sie jedoch erfolgreicher als ich.

Zahnstein sorgt für einen sehr unangenehmen Geruch aus dem Fang und greift nach einiger Zeit das Zahnfleisch an. Wird nichts dagegen unternommen, schiebt sich dieser Belag unter das locker gewordene Zahnfleisch und es kommt zu schmerzhaften Entzündungen. Versuchen Sie bitte nicht, mit Zitronensaft die Zähne zu reinigen. Er würde den Zahnschmelz angreifen.

## Ohren

Hunde mit Schlappohren neigen eher zu Ohrentzündungen als Hunde mit Stehohren. Schauen Sie regelmäßig, etwa alle sechs Wochen, in die Ohren Ihres Beagles. Sehen Sie Ohrenschmalz in den Ohrmuscheln, müssen Sie die Ohren reinigen. In der äußeren Ohrmuschel können Sie Wattestäbchen verwenden. Dahinter knickt der äußere Gehörgang gerade nach unten ab. Hier dürfen Sie nie (!) mit Wattestäbchen arbeiten, weil Sie sonst die Verschmutzungen nach unten schieben und das Ohr damit verstopfen. Beim Tierarzt bekommen Sie ein öliges Reinigungsmittel, das ins Ohr geträufelt wird. Dann massieren Sie mit den Fingern von außen den Gehörgang, damit sich der Schmutz löst. Der Beagle wird sich danach schütteln, der Dreck landet zum Teil in der Ohrmuschel und kann dort mit einem weichen Tuch ausgeputzt werden. Natürlich fliegt auch etwas vom Ohrenschmutz durch die Gegend. Überlegen Sie deshalb vorher, wo Sie Ihrem Beagle die Ohren säubern wollen. Von einigen Jägern habe ich gehört, dass sie für die Ohrenreinigung das Waffenöl Ballistol mit Erfolg verwenden. Dieses Uraltrezept ist als Ballistol animal (auch zur Pflege von empfindlicher Haut und der Pfoten geeignet) im Zoofachhandel erhältlich.

Schüttelt Ihr Beagle plötzlich dauernd den Kopf und kratzt mit der Pfote in Nähe des Ohrs, könnte eine Granne (steife, widerhaarige Borste an Deckspelzen der Gräserblüten) oder Stücke einer Ähre schuld sein. Schnell arbeiten sich diese Teile durch die Widerhaken in Richtung Trommelfell vor und verursachen starke Schmerzen. Hier kann nur der Tierarzt mit besonderen medizinischen Instrumenten helfen.

Versuchen Sie nichts im Alleingang.

*Viele Beagles gehen gerne ins Wasser. Kommt ihnen dabei Flüssigkeit in die Ohren, schütteln sie die raus. (Foto: Chr. Steimer)*

## Augen

Hält der Beagle auf Spaziergängen die Nase am Boden, wirbelt er häufig Dreck und Staub auf, der auch in die Augen gelangen kann. Da der Beagle eng anliegende Lidränder besitzt, kommt es kaum zu gesundheitlichen Störungen im Auge. Stellen Sie aber tränende Augen bei Ihrem Beagle fest, nehmen Sie ein sauberes Papiertaschentuch und feuchten es mit warmem Wasser an. Morgens und abends wischen Sie ihm damit die Augen in Richtung Augenwinkel aus und trocknen die Augenränder mit einem zweiten Papiertaschentuch ab. Die Bindehaut kann gereizt werden durch eintretenden Schmutz, aber auch durch sehr heftigen Wind. Bleibt es nicht bei etwas klarem Tränenfluss, sondern tritt gelb-eitriger, dicker Ausfluss zutage, der auch stark juckt, ist die Bindehaut entzündet. Der Hund versucht in diesem Fall ständig, sein Gesicht an Couch oder Decken abzureiben, und streicht oft hektisch mit den Pfoten über die Augen. Dann muss der Tierarzt aufgesucht werden. Aber das ist beim Beagle nach meiner Erfahrung eher die Ausnahme. Bitte experimentieren Sie nicht mit Hausmitteln wie Kamillentee, Kamillenextrakt oder gar Borwasser für Augenspülungen. Sie können die Erkrankung extrem verschlimmern. Während der Hitze- und Trächtigkeitszeiten sehe ich bei meinen Hündinnen immer mal tränende Augen. Es ist für mich kein Grund zur Sorge, da es in Zeiten mit anderem Hormonspiegel nicht auftritt. Das Ausputzen morgens und abends reicht aus.

Obwohl anliegende Lidränder beim Beagle vorhanden sein sollten, kann es vorkommen, dass ein Welpe mit einem Augenproblem geboren wird: Beim Entropium ist der untere Lidrand eingerollt und die Wimpern reiben auf der Hornhaut. Medikamente verschaffen Linderung, heilen aber nicht. Hier ist eine Operation notwendig, damit der Hund nicht erblindet. Das Ektropium dagegen wird auch „offenes Auge" genannt. Der untere Lidrand hängt herab. Die Bindehaut ist dadurch nicht geschützt und kann sich leicht durch eintretenden Schmutz entzünden. Auch hier hilft nur eine Operation. Achten Sie auf beide Probleme, wenn Sie sich einen Welpen aussuchen. Ich gehe aber davon aus, dass der Züchter Sie von sich aus darauf hinweisen und dieser Augenfehler im Wurfabnahmebericht vom Zuchtwart eingetragen wird.

Gehen Sie auf jeden Fall zum Tierarzt, wenn

- es sich um eitrigen Ausfluss aus dem Auge handelt
- der Beagle häufig am Tag mit den Pfoten über die Augen streicht
- der Beagle sein Gesicht ständig an irgendetwas reibt
- Sie erweiterte Pupillen feststellen und der Hund blinzelt (lichtscheu)
- geschwollene Stellen am Auge zu sehen sind
- die Bindehaut sehr stark gerötet ist (Herunterziehen des unteren Lids)

## Fell

Es ist ein alter Irrglaube, dass kurzhaarige Hunde kaum haaren. Der Beagle besitzt kurze, anliegende Deckhaare mit kurzem, dichtem Unterhaar. Das Fell ist bei ihm pflegeleicht. Es wird nie geschnitten, frisiert, mit irgendwelchen Produkten behandelt und muss nicht so lange gebürstet werden wie langhaariges Fell. Altes Haar fällt aus, wenn neues gewachsen ist. Hunde, die draußen leben müssen, haaren nicht so stark wie Hunde, die immer im Wohnbereich leben. Ich setze beim Beagle aber voraus, dass er mit und in seiner Meute, sprich Familie, lebt und nicht draußen in einem Zwinger.

*Typisch Beagle: Er wälzt sich mit Wonne im Kot anderer Tiere. Da hilft nur noch ein Hundeschaumbad. (Foto: U. Schanz)*

Also stellen Sie sich auf Hundehaare im Haus ein. Schließlich gibt es ja die wirklich praktische Erfindung Staubsauger. Im Frühjahr und im Herbst findet der große, stärkere Haarwechsel statt. Dann muss der Beagle täglich gründlich gebürstet werden, sonst reicht es einmal pro Woche. Für die normale Pflege benutzt man eine handliche Gumminoppenbürste, mit der man ihn überall mit dem Strich bürstet. Befinden sich meine Hündinnen im großen Haarwechsel, nehme ich zusätzlich eine

Naturbürste mit Wildschweinborsten. Damit bekomme ich das alte Unterhaar sehr gut heraus. Das Fell fühlt sich danach wieder schön glatt an.

Meine regennassen Beagles trockne ich mit alten Handtüchern ab. Nach starken Regengüssen nehme ich zusätzlich Küchenpapier. Trocknen Sie Nierengegend und Kopf besonders gut ab. Das Baden eines Beagles ist nur in Ausnahmefällen erforderlich; nämlich dann, wenn er sich voller Inbrunst und Wonne in den fäkalen Hinterlassenschaften von Kuh, Schaf oder Wild gesuhlt hat. Verwenden Sie jedoch kein normales Haarshampoo. Es gibt extra Hundeshampoos, die den Säuremantel der Hundehaut nicht angreifen.

## Krallen

Läuft Ihr Beagle jede Woche mehrmals über Asphalt, wetzen sich die Krallen von allein ab. Die Daumenkrallen müssen aber immer geschnitten werden. Meine Beagles laufen mehr über weiche Wege. Selbst wenn ich mit ihnen über einen asphaltierten Weg gehe, nutzen sie die Weite der 8-Meter-Rollleine und laufen lieber nebenher auf den Wiesenstreifen. Sind die Krallen zu lang, kann der Beagle nicht richtig mit den Pfoten aufsetzen und es verursacht ihm beim Laufen Schmerzen. Die Krallen splittern, wenn sie mit einer normalen Nagelschere geschnitten werden. Im Hundehandel werden scharfe Krallenscheren angeboten. Am besten, Sie lassen es sich vom Tierarzt zeigen, wie Sie richtig schneiden, denn Sie dürfen auf gar keinen Fall in den durchbluteten „lebenden" Teil hineinschneiden. Gewöhnen Sie schon den Welpen an diese Prozedur. Setzen Sie ihn neben sich auf die Couch, nehmen vorsichtig eine Pfote in die Hand, sprechen beruhigend mit ihm und schneiden eine oder zwei Krallen. Dann gibt es Lob und Leckerchen. Am Tag darauf sind die nächsten zwei Krallen dran. Nach ein paar Wochen können sie sich jeden Tag eine Pfote vornehmen und nach der Pubertät ist er spätestens so weit, dass sie alle vier Pfoten auf einmal bearbeiten können.

## Analdrüsen

Nahe am After, am Ende des Darms, sitzen die Analdrüsen (Duftdrüsen). Es sind kleine Beutel, gefüllt mit einer für Menschen übel riechenden Flüssigkeit. Davon befinden sich immer ein paar Tropfen im Kot, wenn der Hund sich löst. Dieser Duft ist für Hunde ein wichtiger Kommunikationsfaktor. Durch falsche Fütterung oder andere Ursachen kann der Kot zu weich sein, um die Analdrüsen ausdrücken zu können. Die Flüssigkeit verdickt sich und kann nicht mehr nach außen abgeführt werden. Der Hund leidet Schmerzen, leckt häufig am After, rutscht auf dem Po (Schlitten fahren) und schnappt sich ins Hinterbein. Der Tierarzt muss hinzu gezogen werden. Würde nichts dagegen getan, kommt es zu Entzündungen und Schwellungen.

## Flöhe

Durch häufigen Kontakt mit anderen Hunden oder der Begegnung mit Igeln kann sich Ihr Hund Flöhe einfangen. Extremer Juckreiz ist die Folge und eventuelle Krankheiten. Die Flöhe bleiben aber nicht auf dem Hund, sondern benutzen ihn nur als Wirt. In der übrigen Zeit verkriechen sie sich überall in der Umgebung, in den Polstermöbeln, hinter Schrankwänden, in Stuhlritzen. Sie springen auch auf Menschen über, verlassen sie aber nach kurzer Zeit, meist ohne zu beißen. Mit einem speziellen engzahnigen Flohkamm gehen Sie mit dem Strich durch das Fell des Hundes. Finden sich auf dem Kamm kleine schwarze

*Bei allen Reisen in den Süden braucht der Hund besonderen Schutz vor Leishmaniose übertragenden Sandfliegen. Der Tierarzt weiß Rat. (Foto: P. Schmidt)*

Krümel, dann ist es meist Flohkot. Es gibt genügend Medikamente, die Flohbefall ausschließen. Meine Hündinnen bekommen einmal im Monat je eine Tablette, die sie ohne Probleme vertragen. Diese Tablette bewirkt, dass der Floh, der den Hund beißt, sich nicht mehr fortpflanzen und ausbreiten kann. Von Flohhalsbändern halte ich nichts. Für Tracy und Atlanta benutzte ich solche Halsbänder anfangs einige Zeit, habe sie aber nach ständig tränenden Augen und wegen des unangenehmen Geruchs wieder abgeschafft.

*Wenn Ihr Hund sich irgendwelche Parasiten eingefangen hat, sollten Sie alle (!) seine Decken und Plätze mitbehandeln. (Foto: U. Schanz)*

## Zecken

Zecken (Holzbock) treten im Frühjahr, Sommer und Herbst auf. Sie sitzen überall in der Natur, in manchen Gebieten mehr, in anderen weniger. Jeden Tag schaue ich mir den gesamten Körper bei jedem meiner Hunde zweimal genau an und taste sie ab. Zecken ernähren sich vom Blut des Wirts und übertragen auf diesem Weg etliche Krankheiten. In der Ortschaft Lyme im US-Bundesstaat Connecticut bekamen erstmals Menschen durch Zecken eine Krankheit, die von Bakteriologen dann Lyme-Krankheit genannt wurde.

Der Erreger gehört zur Familie der Borrelien. Nicht jede Zecke beherbergt Borrelien in sich und so hat nicht jeder Biss diese Krankheit zur Folge. Auch muss die Zecke erst Gelegenheit haben, einige Stunden Blut zu saugen, bevor sie Borrelien übertragen kann. Also ist es wichtig, oft genug beim Hund nachzuschauen und die Zecken früh zu entfernen. Hierzu benötigen Sie eine Zeckenzange. Drehen Sie die Zecke gleichmäßig heraus, ohne an ihr zu ziehen. Der Kopf der Zecke muss mit heraus! Bleibt er stecken, verursacht er Entzündungen. Nehmen sie niemals Öl, Petroleum oder Ähnliches, um die Zecke vor dem Ausdrehen zu bepinseln. In diesem Fall sondert sie ein Sekret ab, welches auch zu Entzündungen führt.

Achten Sie auf die Hautrötung, die die Zecke verursacht hat. Beim Beaglefell ist es nicht so schwierig. Breitet sich die Rötung aus, suchen Sie einen Tierarzt auf. Es könnte sein, dass sich damit eine Borreliose ankündigt, die Gelenkentzündungen und Lahmheit zur Folge hat.

Gewöhnen Sie den Welpen und Junghund früh daran, dass er sich am ganzen Körper anfassen lässt. Streichen Sie mit den Händen immer wieder über die eine und andere Region. Lassen Sie keine aus. Drücken Sie mal hier, mal dort ein bisschen. Er muss sich daran gewöhnen, ruhig liegen zu bleiben und alles über sich ergehen zu lassen. Loben Sie ihn außerordentlich dafür. Macht er diese Lernphase nicht durch, wird es im Erwachsenenalter schwierig für Sie, falls er krank wird und von Ihnen behandelt werden muss.

## Wurmkuren

Meine Welpen entwurme ich viermal vor Abgabe. Danach muss die Wurmkur von den Besitzern in der zwölften Woche und weiter jedes halbe Jahr durchgeführt werden. Die Paste oder Tabletten erhalten Sie bei Ihrem Tierarzt. Vermischt mit etwas Leckerem wird auch Ihr Beagle bestimmt mühelos die Kur mitmachen.

Eine Kotuntersuchung beim Tierarzt auf Wurmbefall bringt nur zum Vorschein, ob im Kot Würmer oder Wurmeier vorhanden sind. Das sagt nichts über die Parasitenfreiheit im Darm aus. Deswegen rate ich auch bei negativem Befund der Kotuntersuchung zu regelmäßigem Entwurmen. Spul-, Peitschen- und Hakenwürmer können beim Hund hervorrufen: glanzloses Fell, Erbrechen, rutschen auf dem Po, Durchfälle (auch blutig), Bronchitis, Lungenentzündung.

Es gibt viele verschiedene Bandwurmarten. Einige davon befallen auch Menschen. Der Bandwurm besteht aus einem Kopf und anhängenden Körpergliedern (Proglottiden). Diese Proglottiden werden immer wieder ausgeschieden und bilden sich neu im Darm. Rutscht der Hund auf dem Po (Schlitten fahren), muss der Tierarzt eine Kotuntersuchung vornehmen und zwei Dinge feststellen: Handelt es sich um Bandwürmer und welche Bandwurmart ist es? Daraufhin gibt er ein darauf abgestimmtes Medikament. Die meisten Wurmkuren helfen nicht vorbeugend gegen Bandwürmer.

Wurmkuren und Impfungen trennen Sie zeitlich voneinander. Es ist zu belastend für den Organismus, wenn er beides innerhalb von fünf Tagen verkraften muss.

## Wann unbedingt zum Tierarzt?

Benimmt Ihr Beagle sich einmal nicht wie gewohnt, rührt sein Fressen nicht an oder trinkt viel zu häufig, ist apathisch, unlustig oder winselt, messen Sie zunächst seine Temperatur. Dafür

*Kälte macht einem gesunden Beagle wenig aus, solange er dabei in Bewegung sein kann. (Foto: K. Schulze)*

fetten Sie die Spitze des Thermometers dünn mit Vaseline ein, heben mit einer Hand die Rute hoch, halten an der Schwanzwurzel fest und führen mit der anderen Hand das Thermometer leicht drehend in den Enddarm ein. Es muss mehr als nur die silberne Spitze hineingeschoben werden, weil sonst der Messwert nicht stimmt. Lassen Sie sich die Handhabung vom Tierarzt zeigen. Die Normaltemperatur liegt bei Hunden zwischen 37,5 und 38,8 Grad Celsius. Erhalten Sie einen Wert, der darüber oder darunter liegt, suchen Sie sofort einen Tierarzt auf.

Hier einige Anzeichen, die mehr als eine kleine Unpässlichkeit vermuten lassen:

- starker Mundgeruch
- Veränderung der Farbe der Schleimhäute im Fang auf weiß oder blassrosa (normal ist rot – drücken Sie mit dem Finger darauf und schauen Sie, ob das Rot wiederkommt oder die Stelle blass bleibt)
- prüfen Sie die Hautelastizität (ziehen Sie an der Schulter eine Hautfalte hoch und achten Sie darauf, ob sie sofort wieder glatt wird. Bleibt die Falte stehen, ist es ein Alarmzeichen.)
- häufiges Husten
- Verletzungen, Wunden, Lahmheiten
- Verstopfung
- Durchfall, wenn er länger als zwölf Stunden anhält
- Blut in Kot oder Urin
- harter Bauch
- Schiefhalten des Kopfes
- häufiges Erbrechen

Diese Angaben sind lediglich Anhaltspunkte. Wenn Sie Zweifel haben, ob es Ihrem Beagle gut geht, dann gehen Sie lieber einmal zu viel als ein einziges Mal zu wenig zum Tierarzt.

Hunde erbrechen zuweilen, ohne ernsthaft krank zu sein. Vielleicht hat Ihr Beagle nur zu hastig gefressen und nimmt das Erbrochene noch einmal in Ruhe auf. Hindern Sie ihn nicht daran. Alles ist in Ordnung. Legen Sie hierbei andere Maßstäbe an als bei Menschen. Handelt es sich aber um tägliches oder häufiges Erbrechen, muss der Beagle zur Untersuchung. Nehmen Sie in diesem Fall etwas von dem Erbrochenen für die Laboruntersuchung mit.

## Impfungen

Welpen werden schon beim Züchter geimpft, meistens in der 5./6. und achten Woche. In der zwölften und 16. Woche lassen meine Welpenkäufer nachimpfen, um vollen Schutz für den Welpen zu erlangen. Die Auffrischimpfungen erfolgen einmal jährlich. Ihr Tierarzt wird Ihnen sein Impfschema erklären. Sprechen Sie auch mit Ihrem Züchter darüber. Manche Tierärzte impfen jedes Jahr SHPPL + T (die „große" Impfung), manche impfen S + H nur alle zwei Jahre, aber PPL + T jedes Jahr. Nachfolgend erkläre ich die Impfkürzel und beschreibe kurz die Krankheiten, denen der Hund ohne Impfungen ausgesetzt wäre.

SHPPL + T heißt: Staupe – Hepatitis – Parvovirose – Parainfluenza – Leptospirose – Tollwut

Staupe: eine ansteckende, fieberhafte Virusinfektion, die über die ganze Welt verbreitet ist. Diese Erkrankung ist in jedem Alter möglich, aber besonders häufig bei jungen Tieren. Die Inkubationszeit liegt bei zwei bis sechs Tagen.

Die Symptome sind: hohes Fieber bis 41 Grad Celsius, auffallend große Mattigkeit, Appetitlosigkeit, wässriger Nasen- und Augenausfluss mit Bindehautentzündung, Schluckbeschwerden. Nach ein bis sieben fieberfreien Tagen und scheinbarer Besserung treten die genannten Symptome wieder auf mit zusätzlichem Erbrechen, Durchfall, blutigem Urin und aufgekrümmtem Rücken. Wieder tritt eine scheinbare Erholungsphase ein, bis nach etwa drei Wochen Bewegungsstörungen, Krämpfe, Lahmheit und Tod folgen. Die Heilung ist nur im ersten Stadium aussichtsreich. Das Virus kann in der Umwelt einige Zeit überstehen und nicht nur von Hund zu Hund, sondern auch von Hund zu Mensch übertragen werden.

Hepatitis: eine fieberhafte Allgemeinerkrankung, die mit einer Leberentzündung verbunden ist. Diese Viruserkrankung gibt es weltweit, vor allem bei Junghunden. Die Inkubationszeit liegt zwischen vier und neun Tagen.

Die Symptome sind ähnlich der Staupe, zusätzlich verbunden mit gelblichen Schleimhäuten, Bauchschmerzen und manchmal Schwellungen an Kopf und Unterbrust.

Parvovirose: wird hervorgerufen von einem sehr kleinen, äußerst widerstandsfähigen Virus. Es behält seine krank machenden Eigenschaften in der Umwelt über Monate. Gefährdet sind Tiere in jedem Alter, Welpen im Alter von zwei bis zwölf Wochen aber besonders. Bei ihnen äußert sich diese Krankheit mit rasch verlaufender Herzmuskelentzündung, auffälliger Apathie innerhalb weniger Stunden und Tod. Ältere Tiere erkranken an starkem Durchfall und Erbrechen (Kotbrechen). Teilweise ist der Durchfall blutig mit stechendem, süßlichem Geruch. Die Hautelastizität ist stark herabgesetzt. Bei den Hunden stellt sich eine hochgradige Hinfälligkeit ein, eventuell Fieber, bis zum Tod durch Kreislaufversagen.

Parainfluenza: auch als Zwingerhusten bekannt. Hierfür kommen mehrere Erreger, Bakterien und Viren, in Betracht. Alle Arten von Zwingerhusten können nicht durch eine Impfung ausgeschlossen werden. Die Parainfluenza befällt Tiere jeden Alters, aber besonders ältere Welpen und stark belastete erwachsene Hunde. Die Inkubationszeit beträgt vier bis zehn Tage.

Die Symptome sind: Rachenentzündung, Bronchitis, harter, trockener Husten, manchmal Brechreiz. Bei rascher Behandlung hält sich die Sterblichkeitsrate gering.

Leptospirose: Bei dieser weltweit verbreiteten Krankheit gibt es verschiedene Erregertypen und unterschiedliche Krankheitsbilder. Sie ist für Menschen (Weilsche-Krankheit) und Tiere gleichermaßen gefährlich. Die Inkubationszeit liegt zwischen fünf und 20 Tagen.

Die Symptome: meist Müdigkeit, häufig Schwäche der Hinterhand, etwas erhöhte Temperatur, kleine Blutungen an den Schleimhäuten, Durchfall, Erbrechen, urinartiger Mundgeruch, manchmal Geschwüre an der Zunge, Gelbfärbung der Schleimhäute, anhaltender Magen-Darm-Katarrh, Abmagerung, mangelnde Hautelastizität. Diese Krankheit ist meldepflichtig.

Tollwut: akute Viruserkrankung mit tödlichem Verlauf. Das zentrale Nervensystem erkrankt. Tollwut ist gefährlich für Tier und Mensch und weltweit verbreitet. Hunde können sie in jedem Alter bekommen. Die Inkubationszeit variiert zwischen einer Woche und mehreren Monaten. Die Symptome bei Stiller Wut: traniger, teilnahmsloser Blick, erschlaffender Unterkiefer, manchmal Speichelfluss, Tod durch allgemeine Lähmung.

Symptome bei Rasender Wut: große Unruhe, Bellen und Beißen, Futterverweigerung, wütendes Zerbeißen von Gegenständen in seiner Umgebung, fortschreitende Lähmungen, die sich meist am Kopf zuerst zeigen. Oft endet diese Krankheit bei Mensch und Tier tödlich. Sie ist beim zuständigen Gesundheitsamt anzeigepflichtig. Für Reisen ins Ausland ist eine Tollwutimpfung zwingend erforderlich.

# Es gibt Schöneres als einen Beagle – zwei Beagles

Der Meutehund Beagle wird es sehr begrüßen, wenn er einen Kumpel bekommt, mit dem er ein Leben lang sein Zuhause teilen kann. Sie können Ihrem einzelnen Beagle einiges bieten, aber nicht das Spielen, Toben, Rennen im Garten, wie es zwei Beagles miteinander voller Power tun. Haben Sie das einmal beobachten können, wird schnell der Wunsch nach einem zweiten Schlappohr aufkommen.

Es vereinfacht die Hundehaltung im Großen und Ganzen enorm. Lebt ein Beagle allein bei Ihnen, wird er oft am Tag an Ihren Fersen kleben und Sie zu Aktivitäten auffordern. Beagles sind Energiebündel und viele beschäftigen sich kaum einmal allein. Sie buddeln ab und zu ein Loch im Garten, vergnügen sich dann und wann mit ihrem Kauknochen und schauen manchmal am Zaun, wer so vorbeikommt. Ansonsten liegen sie herum und

*Leben zwei Beagles zusammen, kann Mensch das Wort Langeweile vergessen. (Fotos: U. Schanz)*

warten, wann ihnen endlich wieder Abwechslung geboten wird. Bei zwei Beagles erledigt sich das von selbst. Sie beschäftigen sich prima miteinander. Jetzt ist ihr Rudel wirklich komplett.

Reift dieser Gedanke in Ihnen heran, überlegen Sie es zur richtigen Zeit. Nehmen Sie erst einen zweiten Beagle, wenn Ihr erster schon zu alt ist, fällt wieder nur Ihnen die Aufgabe zu,

beide zu beschäftigen. Der junge Beagle wird den älteren dutzendfach am Tag zum Spielen auffordern, aber meistens auf Ablehnung stoßen. Als mein erster Beagle, Sally, neun Monate bei uns war, kam Tracy dazu. Es war einfach nur schön! Sie vergnügten sich viele Stunden des Tages gemeinsam und lagen eng aneinander gekuschelt im Sessel. Die eine suchte immer die Gesellschaft der anderen. Sie genossen die hundliche Zweisamkeit sichtlich. Streit kannten sie nicht. Hunde können sich gegenseitig viel geben, was uns Menschen, bei aller Liebe zu ihnen, nie möglich sein wird.

Aber, aus meiner Sicht, kaufen Sie nie zwei Welpen gleichzeitig. Es kann gut gehen, muss aber nicht. Auch wenn es sich um Wurfgeschwister handelt, kann es passieren, dass es gegen Ende der Pubertät beziehungsweise beim Zusteuern auf die erste Hitze zu Rivalitäten kommt. Plötzlich will jeder der oder die Erste im Rang sein. Es kommt zu heftigen Auseinandersetzungen, bisweilen auch zu blutigen. Möglich ist auch, dass Sie die Wogen nicht glätten können und sich von einem der beiden trennen müssen. Diese Trennung würde nicht nur Sie, sondern auch den Beagle, der sein Zuhause verliert, seelisch schwer belasten. Deshalb rate ich dazu, erst mit einem Beagle anzufangen. Bringen Sie ihm in Ruhe alles bei, was er lernen soll. Bei zwei jungen Beagles gleichzeitig hätten Sie dafür nicht die Zeit und Ruhe, weil der eine genau dasselbe zur gleichen Zeit von Ihnen erwartet wie der andere. Auf solchen Stress verzichten Sie besser. Ist Ihr erster Beagle ausgebildet, gehorcht gut und ist im Wesen gefestigt, kommt der richtige Zeitpunkt. Er ist nun zwischen ein und drei Jahren alt. Zieht nun ein Welpe ein, wird der erwachsene Hund ihn mit großer Freude aufnehmen. Der Rang ist von Anfang an klar, der Altersunterschied stimmt und es gibt Begeisterung auf beiden Seiten.

Aber auch Sie müssen diesen Rangunterschied zwischen beiden Hunden zu jeder Zeit beachten. Der Große behält seinen 1. Platz. Machen Sie nicht den Fehler, dauernd nur mit dem Welpen zu schmusen, mehr mit ihm zu spielen oder öfter mit ihm zu trainieren. Zuerst ist immer der erwachsene Hund an der Reihe. Er wird an erster Stelle begrüßt, ist bei einer Übung zuerst dran, wird auch weiterhin gekrault und bekommt bei der Fütterung seinen Napf vorab hingestellt. Erst zwei Sekunden später bekommt der Kleine sein Futter. Trennen Sie die Hunde auch beim Fressen nicht räumlich. Der Kleine lernt bald durch Zurechtweisung des Älteren, dass er nicht an dessen Napf herandarf. Falls dieser ihn aber nicht wegknurrt, müssen Sie den Welpen zurücknehmen. Er soll nicht zusätzlich das Futter für erwachsene Hunde fressen. Schreiten Sie nie ein, wenn der Große den Kleinen mit lautem Knurren zur Ordnung ruft oder sich auf ihn stürzt. Es passiert nichts, was dem Kleinen schaden könnte, auch wenn es sich noch so dramatisch darstellt. Hunde reden und schimpfen nun einmal anders miteinander als Menschen. Natürlich sieht Beagle Nummer eins seine Aufgabe darin, Beagle Nummer zwei zu erziehen, sich bei ihm Respekt zu verschaffen. Und Recht hat er!

Auf Spaziergängen ist es nur eine Sache der Gewohnheit, zwei Rollleinen statt einer zu handhaben. Für Koppeln kann ich mich nicht begeistern. Sie beschränken das Lauf-, Schnupper- und Lösebedürfnis der Beagles zu sehr. In den ersten Monaten läuft der Kleine ja meistens sowieso noch ohne Leine und später können Sie vielleicht abwechselnd mal den einen und mal den anderen frei laufen lassen. Zwei Beagles lasse ich nie gleichzeitig von der Leine. Gemeinsam planen sie eher Ausflüge.

Bis auch Nummer zwei erwachsen ist, machen Sie mehrere kürzere Spaziergänge am Tag mit beiden, aber auch ab und zu nur einen Gang mit dem Welpen allein. Er soll sich nicht nur an dem älteren orientieren. Es könnte sein, dass er sonst später unsicher reagiert, wenn er ohne ihn unterwegs ist. Probieren Sie mit dem jungen Hund allein auf Spaziergängen, ob er das „Hierhin" beachtet oder bei einer Fährte total ignoriert.

Beagles können mit gleichgeschlechtlichen Artgenossen ohne Disharmonie zusammenleben. Haben Sie einen Rüden, nehmen Sie ruhig wieder einen Rüden dazu. Bei Hündinnen gilt das ebenso. Möchten Sie zu Ihrem Rüden lieber eine Hündin nehmen oder umgekehrt, denken Sie an die Zeiten der Hitze. In diesen Wochen müssen die beiden getrennt werden. Ist das für Sie und die Beagles möglich und erträglich? Wie ich über Kastrationen denke, haben Sie im Kapitel „Die heiße Phase" gelesen.

Haben Sie über alles besonnen nachgedacht und geredet, steht dem Familienzuwachs nichts im Weg. Ich wünsche Ihnen die Begeisterung und das Glücksgefühl mit Ihren zwei Lieblingen, wie ich es bei dem Zusammenleben mit Sally und Tracy empfand.

**BCD (Beagle Club Deutschland e.V.)**
Welpenvermittlung:
Frau Elke Budde-Eichhorn
Friedhofstraße 14
51371 Leverkusen
Tel./Fax: 0700 2324532582
E-Mail: welpen@beagleclub.de

Geschäftsstelle:
Frau Renate Leonhardt
Schmiedestraße 1
30938 Burgwedel
Tel.: 05139 278202

**TASSO**
Haustierzentralregister
Frankfurter Straße 20
65795 Hattersheim
Tel.: 06190 937300

**VDH**
(Verband für das Deutsche
Hundewesen e.V.)
Westfalendamm 174
44141 Dortmund
Tel.: 0231 565000

**Internetadressen:**
www.beagleclub.de
www.tiernotruf.org
www.laborbeagle.de
www.beagle-entlaufen.de
www.ig-hundeschulen.de
www.hundeakademie.de
www.beagle-gesellschaft.de

**Quellenhinweis**

Eric H.W. Aldington / Friederun Stockmann:
Vom Körperbau des Hundes
Verlag Gollwitzer

Michael Tandler / Jürgen Herbst (Beagle):
Bracken im jagdlichen Einsatz
Neumann-Neudamm

Celina del Amo:
Spielschule für Hunde
Verlag Ulmer

Eberhard Trumler:
Mensch und Hund
Kynos Verlag

Günther Bloch:
Der Wolf im Hundepelz
Westkreuz-Verlag

Eberhard Trumler:
Das Jahr des Hundes
Kynos Verlag

Dr. Dorit Feddersen-Petersen:
Hunde und ihre Menschen
Franckh-Kosmos

Eberhard Trumler:
Der schwierige Hund
Kynos Verlag

Gudrun Feltmann-v. Schroeder:
Hund und Mensch im Zwiegespräch
Franckh-Kosmos

Eberhard Trumler:
Hunde ernst genommen
Piper & Co. Verlag

Heiko Gebhardt / Gerd Haucke:
Die Sache mit dem Hund
Rasch und Röhring

Eberhard Trumler:
Mit dem Hund auf du
Piper & Co. Verlag

Gerd Ludwig:
Mit dem Hund spielen und trainieren
Gräfe und Unzer

Dr. med.vet. Elisabeth Venzl:
Verhaltensentwicklung und Wesensmerkmale
bei der Hunderasse Beagle
Inaugural-Dissertation München 1990

Dr. Roger Mugford:
Hundeerziehung 2000
Kynos Verlag

Heinz Weidt / Dina Berlowitz:
Das Wesen des Hundes
Natur Buch Verlag

Dr. med.vet. Doris Quinten:
Gesundheitsratgeber Hunde
BLV Verlag

Wilcox und Walkowicz / Dr. D. Fleig:
Kynos Atlas Hunderassen der Welt
Kynos Verlag

Anita und Wolfgang Schneider:
Hundekrankheiten
Franckh-Kosmos

Dr. Erik Zimen:
Der Hund
Bertelsmann Verlag

**Weitere Quellen:** Tierklinik Dr. med. vet. W. Doering • Hunde-Akademie Perdita Lübbe-Scheuermann • Hundeschule Süd-West Maria Hörmann, Uwe Stieglitz, Dr. med. vet. Elisabeth Venzl • Dr. rer. nat. Ute Blaschke-Berthold (Dipl. Biologin / angewandte Verhaltensforschung) • Hundeschule in Kassel (das Team: Meinert, Welp, Dippel) • Fachschule für Mensch und Hund / Elke Müller • einige Filme über verschiedene Wolfsrudel • 11 Jahre Beaglezucht, 13 Jahre Beaglehaltung und ständiger Gedankenaustausch mit anderen Beaglehaltern

## Danke!

Tief empfundenen Dank an unsere Tochter Verena, die hier immer einsprang, wenn ich sie brauchte, mir Zeit für dieses Buch durch Dogsitting verschaffte und mich beim Schreiben unterstützte mit Erinnerungen aus ihrer Kinder- und Jugendzeit mit Beagles beim Spiel und Training. Meinen innigsten Dank sage ich meinem Mann, von dem immer Zuspruch und Motivation kam, wenn ich einen toten Punkt hatte, der mir immer zur Seite steht. An dieser Stelle danke ich all denen, die mir die Impulse gegeben haben, dieses Buch zu schreiben, vor allem meinen Welpenkäufern, die durch ihre vielen Fragen den Weg dazu bereitet haben. Durch eindrucksvolle Schulstunden und anschauliche Gespräche durfte ich viel über hundliches Verhalten lernen. Dafür danke ich vor allem Maria Hörmann und Uwe Stieglitz von der Hundeschule Süd-West in Zweibrücken und Dr. Elisabeth Venzl in Contwig, weiter auch Perdita Lübbe-Scheuermann von der Hunde-Akademie in Roßdorf sowie Jutta Dippel, Hundetrainerin in Kassel. Für die fachmännische Hilfe während meiner Arbeitsmonate bedanke ich mich bei Wolfgang Schwalm in Kriftel, der mir mit seinen professionellen Ratschlägen geduldig zur Seite stand, unermüdlich Zeit für mich hatte. Weiter gilt mein Dank meinen Freundinnen Birgid Muckelbauer in Breitengüßbach und Sibylle Joost in Bergkamen. Die vielen Gespräche mit ihnen über hundliche Verhaltensweisen, über vor allem gesunde Zucht und was zwischen Züchter und Welpenkäufer besprochen werden muss, lieferten mir für das eine und andere Thema immer wieder wertvolle Stichpunkte.

Meinen Freundinnen Roswitha Offergeld in Freren und Elke Busch-Schwalm in Kriftel schulde ich ausdrücklichen Dank für das langwierige Korrekturlesen und die vielen hilfreichen Anmerkungen. Und zum Schluss gilt natürlich mein besonderer Dank meiner Lektorin Frau Jutta Aurahs.

Bärbel Kronz

## Sachregister

# Sachregister